Vorwort

Liebe Eltern,

mit diesem Rechtschreibprogramm kann Ihr Kind selbstständig arbeiten. Die Aufgaben werden **genau erklärt**, sodass auch **schwache** Schüler wissen, was zu tun ist.
In jedem der **drei Kapitel** kann sich Ihr Kind nach einer gewissen Anzahl von **Lernschritten** selbst **prüfen** und sehen, ob es erfolgreich gelernt hat. Am Ende eines Kapitels können auch Sie sich mit Hilfe eines Prüfungsdiktats (Seite 67-68) ein Bild vom Lernerfolg Ihres Kindes machen.
Einen Unterschied zu anderen Rechtschreibtrainern werden Sie feststellen: Den Übungen liegt ein Wortschatz zu Grunde, dessen Wörter häufig gebraucht und immer wieder falsch geschrieben werden.
Diese Wörter sind in Kapitel 3 aufgelistet.
Zu allen Aufgaben finden Sie die **Lösungen** im herausnehmbaren **Lösungsteil** in der **Mitte** des Heftes.

Hallo, liebe Schülerin, lieber Schüler!

Das Erlernen der richtigen Rechtschreibung ist, denke ich, nicht gerade deine Lieblingsbeschäftigung – was ich gut verstehen kann. Allerdings hat eine Frau, die nach dem Guiness-Buch der Rekorde der intelligenteste Mensch der Welt ist, geschrieben, dass uns die Beschäftigung mit der Rechtschreibung empfindsamer macht und dass wir die neu gewonnenen Fähigkeiten auch auf andere Lebensbereiche übertragen können.
Vielleicht kann dir dieses Übungsprogramm zu mehr Freude an der Rechtschreibung verhelfen.
Wie du am besten mit dem Übungsheft arbeitest, erfährst du auf den nächsten Seiten.

Ich wünsche dir viel Erfolg bei der Arbeit.

Gerhard Lichtmann

Aller Anfang ist schön

Wer hat Recht?

(**Bedeutet:** L i e s oder d e n k e n a c h! Sonst brauchst du nichts zu machen.)
E r i n n e r e dich an etwas Schönes, das du einmal erlebt hast, etwas, bei dem du dich **gut** und **glücklich** gefühlt hast.

Auf den Bildern siehst du schöne Erlebnisse. Es gibt natürlich noch viele andere und es wird dir nicht schwer fallen, dich an eines *deiner* schönen Erlebnisse zu erinnern.

Wir machen ein Gedankenexperiment. Schließe deine Augen!

1. Stell dir ein schönes Erlebnis so lange vor, bis du es wie echt vor deinem inneren Auge siehst.
   Jetzt drücke mit deiner rechten Hand leicht auf den linken Handrücken!
2. Erinnere dich an die Geräusche, die dein wunderschönes Erlebnis begleiteten! Hör genau hin.
   Drücke wieder dieselbe Stelle.
3. Erinnere dich an die Gefühle, die du dabei hattest, an deinen Atem, dein Herzklopfen.
   Noch einmal drücken.
4. Stell dir das Erlebnis erneut mit allen Bildern, Geräuschen und Gefühlen vor.
   Und wieder drücken.
5. Wiederhole den gesamten Vorgang!
   Mache jetzt eine kurze Pause.

Jetzt kommt der Höhepunkt des Experiments: Du hast eine Pause gemacht und drückst noch einmal die Stelle und – na, was *fühlst* du?

Ein Professor muss nicht alles verstehen.

Du kannst Folgendes machen: Wenn du in diesem Arbeitsheft eine **schwierige** Aufgabe zu bearbeiten hast, dann **drückst** du die *Stelle auf dem linken Handrücken* (siehe oben) und du wirst feststellen: Es geht dir besser und die Arbeit fällt dir leichter. (Du kannst dich mit Doggy freuen.) Viel Spaß!

1. Kurze Selbstlaute, lange Selbstlaute (Vokale) und andere Rechtschreibprobleme

1. Tag In diesem Kapitel lernst du alles, was mit kurzen und langen Selbstlauten zu tun hat, mit Hilfe von **fünf** Arbeitstexten.

L i e s bitte **Text 1**!

Ein Sommermorgen und ein Plan

1 Der Morgen versprach einen **herrlichen** Sommertag. Ben **rieb** sich **verschlafen** die Augen. Es duftete nach Heu und wilden **Himbeeren**: der richtige Tag für ein Abenteuer im Wald.
Er **griff** nach dem Handy. „Hallo, Tom, hast du heute **Lust**, die Höhle zu suchen?" **Selbstverständlich** hatte Tom Lust. Er wollte auch alle anderen verständigen, die für so ein **Unternehmen infrage** (auch: in Frage) kamen.
Die **Höhle** lag **tief** im Wald **versteckt** und sie hatten sie vor ein **paar** Tagen **zufällig entdeckt**. „**Hoffentlich** kommen alle", dachte Ben.
Den Eltern durfte **man** natürlich nichts von dem **Plan** verraten. Sie **verbieten nämlich** alles, was schön ist.
Ben machte sich **fertig**.

✎ (**Bedeutet:** S c h r e i b e auf deinen Block, in ein Heft oder in das Lernprogramm selber!)

1 Im Arbeitstext findest du Wörter, bei denen nach **kurzem Selbstlaut** (Vokal) ein *verdoppelter Mitlaut* (Konsonant) steht.
V e r v o l l s t ä n d i g e die restlichen drei **Lernwörter** im unteren Kasten.
(Lernwörter in den Arbeitstexten sind immer **fett** gedruckt.)

Kurze Selbstlaute mit nachfolgender **Verdoppelung** (ck = kk)

h**e***rr*lich	**gri***ff*	verst**e***ck*t
zuf**ä**_____	entd**e**_____	h**o**_____

Beachte: *k* wird in der Form von *ck* verdoppelt, *z* durch *tz*.

Lösung siehe **Nummer 1** im **Lösungsteil** nach Seite 36.

Damit du die Kapitelüberschrift verstehst (weißt du noch, wie sie heißt?), gleich eine Regel:

Merke:

Nach **kurzem Selbstlaut** wird der folgende ***Mitlaut***

h**e**rrlich — her*rr*lich

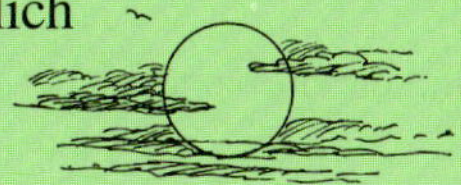

oft ***verdoppelt***.

Denk daran: *kk = ck* und *zz = tz*

Jetzt geht es darum, die Regel gut zu verstehen und anzuwenden. Die folgende Übung soll dir dabei helfen.
Hast du dich schon einmal mit den Morsezeichen befasst?

a	•–	o	–––
b	–•••	p	•––•
c	–•–•	q	––•–
d	–••	r	•–•
e	•	s	•••
f	••–•	t	–
g	––•	u	••–
h	••••	v	•••–
i	••	w	•––
j	•–––	x	–••–
k	–•–	y	–•––
l	•–••	z	––••
m	––	ü	••––
n	–•		

S i e h dir das Morsealphabet a n !
Dies heißt zum Beispiel *Doggy*: –••/–––/––•/––•/–•––

2

F i n d e h e r a u s , um welche Wörter aus **Arbeitstext 1** es sich handelt. (Sie haben alle einen **kurzen** Selbstlaut [Vokal] mit nachfol-gender **Verdoppelung**.)
Ein Wort stammt nicht aus dem Text. Es sagt etwas darüber aus, wie deine Arbeit manchmal sein soll.

Hinweis: Buchstaben sind durch / voneinander getrennt, **Wörter** durch //.

––•/•–•/••/••–•/••–•// = ____________________

••••/•/•–•/•–•/•–••/••/–•–•/••••// = ____________________

••••/•–/•–••/•–••/–––// = ____________________

••••/–––/••–•/••–•/•/–•/–/•–••/••/–•–•/••••// = ____________________

••/–•/–/•/•–•/•/•••/•••/•–/–•/–// = ____________________

Lösung siehe **Nummer 2** im Lösungsteil nach Seite 36.

Kannst du diesen kurzen Satz a u f s c h r e i b e n ?

3

••–/–•/•••/•/•–•// •––/•/•–•/–/•••–/–––/•–••/•–••/•••/–/•/•••//
––•/••–/–// ••/•••/–// –••/••/•// ––••/•/••/–//

Lösung Nummer 3 im Lösungsteil nach Seite 36.

Weißt du, wie man Wortketten bildet?
Ganz einfach: Man fügt Wörter so zusammen, dass der **letzte** Buchstabe eines Wortes derselbe ist wie der **erste** des nächsten Wortes.

Beispiel: Tür, lachen, Emil, neu, Riese

Und das ist die Wortkette: Tü**r** **R**ies**e** **E**mi**l** **l**ache**n** **n**eu

4

V e r w e n d e diese Wörter aus dem Arbeitstext für eine weitere Wortkette:

Himbeeren – fertig – nämlich – tief – Höhle – griff – entdeckt

Himbeeren n.......

Lösung Nummer 4

Wenn du willst, kannst du für heute aufhören.
(Arbeite nie länger als 45 Minuten!)

2. Tag

Ehe du beginnst: Drücke mit der rechten Hand die Stelle auf deinem linken Handrücken, damit du in eine angenehme Stimmung versetzt wirst. (Siehe Seite 3!)

Das hast du gelernt: **Nach** einem **kurzen Selbstlaut** (Vokal) steht ein **doppelter Mitlaut** (Konsonant). Leider nicht immer.

5 S u c h e im **Arbeitstext 1** auf Seite 4 **zwei** Wörter (ein Zeitwort [Verb] und ein Namenwort [Substantiv]), die einen **kurzen** Selbstlaut haben, aber **keine** Verdoppelung.

Lösung Nummer 5 ______________________________

Rechtschreiben ist schwierig. Wir müssen also unsere Regel erweitern.

Merke:

Nach **kurzem Selbstlaut** wird der folgende ***Mitlaut***

d**u**ften

du*f*ten

nicht immer *verdoppelt.*

Da muss man aufpassen:

Oma h**a***t* es s**a***tt*...

kurzer Selbstlaut **ohne** Verdoppelung

kurzer Selbstlaut **mit** Verdoppelung

Es gibt also Ausnahmen. Oft ist ein Selbstlaut **kurz** und es folgt **keine** Verdoppelung. Dazu nun eine Aufgabe mit einem ziemlich unsinnigen Text.

✎ **6** E r g ä n z e die **Reimwörter** (sie reimen sich immer auf die vorhergehenden *schräg* gedruckten Wörter), p a s s aber a u f : Manchmal haben sie eine Verdoppelung, manchmal **nicht**.

Zimtzicke

Susi sagt: „Tommi, du ***hast*** ein Geheimnis, ich fühle es." (Tommi ***ha***______ es, wenn sie ihn aushorcht.) Natürlich hat er eines: Er will das Packeselrennen gewinnen und ***trimmt*** seinen Esel mit ***Zi***______ (er glaubt, das sei Doping). Susi will immer alles wissen. Hat aber keine Chance, denn nie nimmt Tommi sie bei einem ***Ritt mi***_____, obwohl sie sich's doch so ***oft erho***______. Susi ist jedes Mittel recht. Im ***Bus*** gibt sie Tommi einen ***Ku***___. ***Fast fa***______ sie ihn dabei zu fest an (das gehört sich doch nicht). Beim nächsten ***Halt ha***_______ ihnen Hundegebell entgegen (Tommi wird immer von seinen Hunden abgeholt, doch bis jetzt ***bellten*** sie nur ***se***_______). Sie sind wohl eifersüchtig auf die Zimtzicke und Susi macht für diesmal eine Fliege.

✎ **7** S c h r e i b e bei den folgenden Sätzen jeweils das **Zeitwort** (Verb) in der **Gegenwart** (Präsens).

	Gegenwart	**Vergangenheit**	
Ben	*reibt*	rieb	sich die Augen.
Es		duftete	nach Heu.
Er		griff	nach dem Handy.
Er		versprach	alle zu verständigen.
Die Höhle		lag	im Wald versteckt.
Den Eltern		durfte	man nichts verraten.

Wörterzauber

Sieh dir das **Zauberviereck** einmal an und lies die Erklärungen, die rechts davon stehen!

Von Zeile zu Zeile darf immer nur **ein** Buchstabe ausgewechselt werden. Dabei muss jeweils ein **sinnvolles** neues Wort entstehen.

R	U	N	D
H	U	N	D
H	A	N	D
H	A	N	S
H	A	U	S

= Ausgangswort

Das **R** von **R**UND wurde durch H ersetzt
→ **H**UND.

Das **U** von **HU**ND wurde diesmal durch **A** ersetzt
→ H**A**ND.

Die Umrahmungen zeigen dir, welcher Buchstabe jeweils ausgewechselt wurde.

8 Löse das folgende Zauberviereck selbst!
Die **umrandeten Kästchen** zeigen dir, wo du einen Buchstaben auswechseln musst. In jeder Zeile muss ein **sinnvolles** Wort stehen.
(Für alle Wörter gilt: nur **ein** Mitlaut [Konsonant] nach einem **kurzen** Selbstlaut [Vokal].)

L	I	S	T
D	U	F	T

Ich an deiner Stelle würde jetzt eine Pause einlegen.
Allerdings: **nicht länger als 10 Minuten**!
Aber bitte wirklich eine Pause machen: Wie wär's mit einem kurzen Spaziergang, mit etwas Fruchtsaft oder leiser Musik?

Es gibt tatsächlich Tageszeiten, die zum Arbeiten **gut geeignet** sind, und solche, an denen man besser nicht lernen sollte.

D e n k e über die folgende Übersicht gut n a c h !

Zeit	8–10	10–12	12–14	14–16	16–18	18–20
Leistungskurve	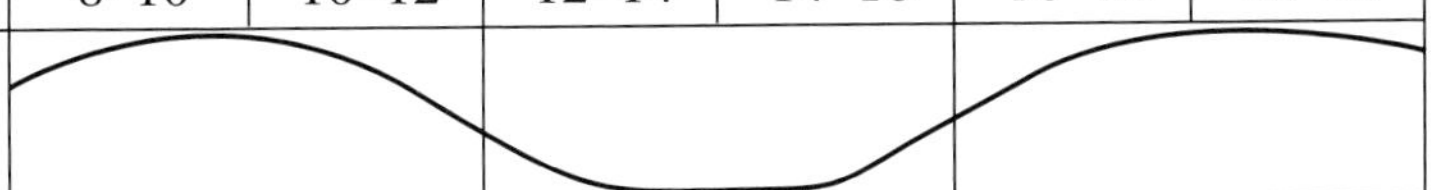					
Doggy						

(Sicher ist dir aufgefallen, dass die Zeiten, in denen Nachmittagsunterricht stattfindet oder in denen man gerne Hausaufgaben macht, zum Lernen denkbar ungeeignet sind. Übrigens verläuft diese Kurve im Normalfall so, es gibt natürlich auch Abweichungen.)

✎ **9** Folgende Wörter haben nach **kurzem** Selbstlaut nur **einen** Mitlaut.
V e r b i n d e mit einem Lineal die **Reimwörter**.
M a l e die **nicht** durchgestrichenen Buchstaben bunt a n . Aus ihnen bildest du ein **Eigenschaftswort (Adjektiv)**, das beschreibt, wie du sicher oft bist.

Luft●	*L*	●August
fest●	*P* *U* *M*	●Kraft
Stolz●	*R*	●rasten
fast●	*N* *O*	●Schuft
Gift●	*S*	●Pest
Kasten●	*V* *X*	●deftig
Schaft●	*T* *Ä*	●Holz
heftig●	*K* *I* *E*	●Last
Brust●	*G*	●Lift

Lösungswort: ______________________________

Ben und seine Freunde haben eine Höhle entdeckt. Das Wort *entdeckt* ist schwierig, denn es hat die Vorsilbe **ent-**, und die kann man leicht mit der Vorsilbe **end-** verwechseln.

Merke:

ent- bedeutet meist die **Trennung** von zwei Dingen		**end-** ist stets von **Ende** abgeleitet	
ent-		**end-**	
*ent*eisen	*ent*saften	*end*los	*end*gültig
einen Kühlschrank vom Eis befreien	Saft aus einer Zitrone pressen	ohne Ende	bis zum Ende gültig

10 Schreibe auf, was du auf den Bildern siehst. Die entsprechenden **Zeitwörter** (Verben) beginnen alle mit der Vorsilbe (Präfix) **ent-**.

entkorken

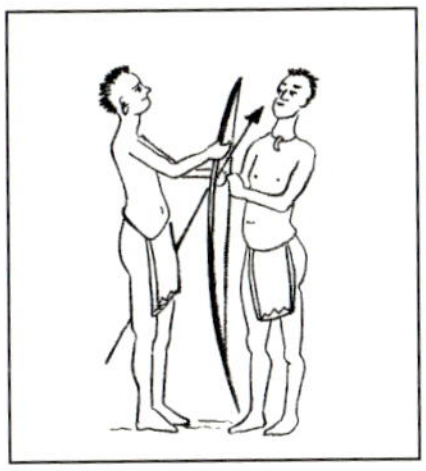

ent ____________

____

____

____

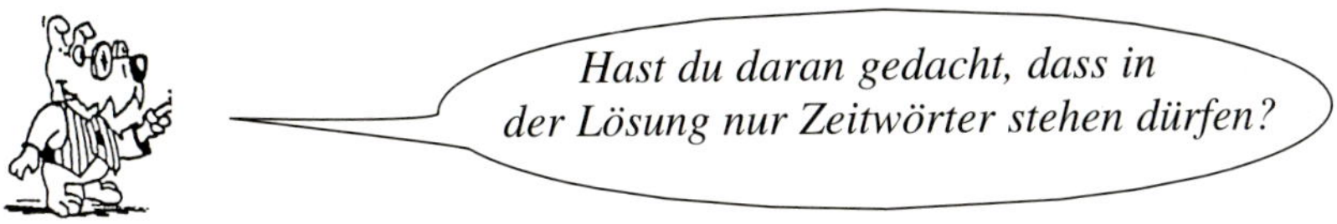

---

11 Bilde nun Namenwörter (Substantive), die mit der Vorsilbe (Präfix) **End-** beginnen.
Schreibe nur die **Lösungswörter** auf!

die Silbe am **Ende** eines Wortes ist die — Endsilbe
das Spiel am **Ende** einer Fußballmeisterschaft — ____________
die Station am **Ende** einer Bahnstrecke — ____________
der Spurt eines Läufers vor dem **Ende** des Rennens — ____________
das am **Ende** einer Wahl ausgezählte Ergebnis — ____________
die Runde am **Ende** eines Boxkampfes — ____________

Zum Schluss eine Aufgabe, bei der du dich im Kopf gewaltig anstrengen musst. (Weil es bei dieser Arbeit wie immer um Wörter geht, nennen wir sie *Wortakrobatik.*)

12 S u c h e zu jeder Wortzeile ein **Bestimmungswort**, das jeweils zu den vier Wörtern passt. (Das Beispiel wird dir dabei helfen.)

1.	*Sommer*	Tag	Zeit	Ferien	Kleid
2.	____________	Stock	Stich	Wachs	Honig
3.	____________	Fahrer	Schlüssel	Bahn	Werkstatt
4.	____________	Hase	Brauch	Nest	Fest
5.	____________	Rinne	Tropfen	Tonne	Wald

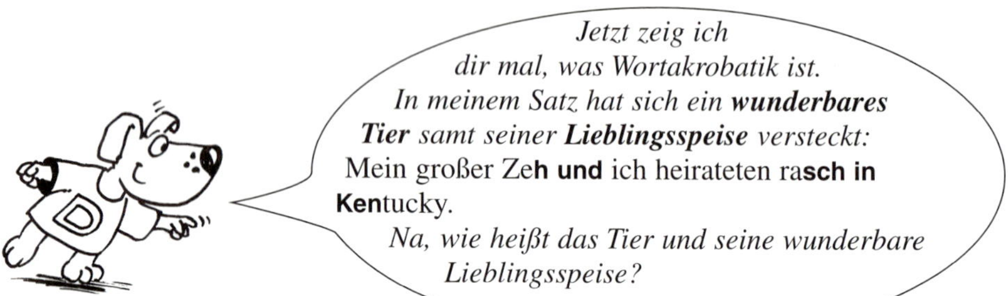

Wenn du nicht klarkommst, dann denk dir alle Wörter **zusammengeschrieben** und such den **Hund**. Auf **Seite 35** geht Siebenkäs ein Licht auf. (Hier findest du die Lösung.)

3. Tag Einen schönen Tag wünsche ich dir. (Nicht vergessen: Wenn's schwierig wird, die Stelle auf der linken Hand drücken!)

Wichtige Vorbereitungen

2 „Eine Höhlenexpedition ist **gefährlich**", überlegte Ben, „**vor allem**, wenn man zu weit **hineinklettert**. Man könnte sich in den **vielen Gängen** verirren." Er **fühlte** sich **plötzlich** etwas un**wohl**, beruhigte sich aber bald wieder: „Man darf eben nichts **Wichtiges vergessen**." Er begann mit den Vorbereitungen. Zuerst holte er eine lange **Schnur**, dann eine Taschenlampe. Er fand ein **Stück Draht**, nahm es aber dann doch nicht mit. „Dagegen kann man ein Messer, **Papier** und **Bleistift** immer gebrauchen", überlegte er, „und etwas **Schokolade** und Wasser? Warum nicht!"
„Am **besten** wäre Papas Handy", **fiel** ihm zum **Schluss** noch ein, er kam aber wieder davon ab. „Gibt **vielleicht** Ärger", dachte er.

13 In jeder Reihe steht ein Wort, das **nicht** zu den anderen passt. Schreibe es auf!

1. schallen – tönen – klingen – fühlen
2. mutig – tapfer – gefährlich – kühn
3. unvermutet – unglaublich – plötzlich - schlagartig
4. vergessen – verteidigen – sich wehren – widerstehen

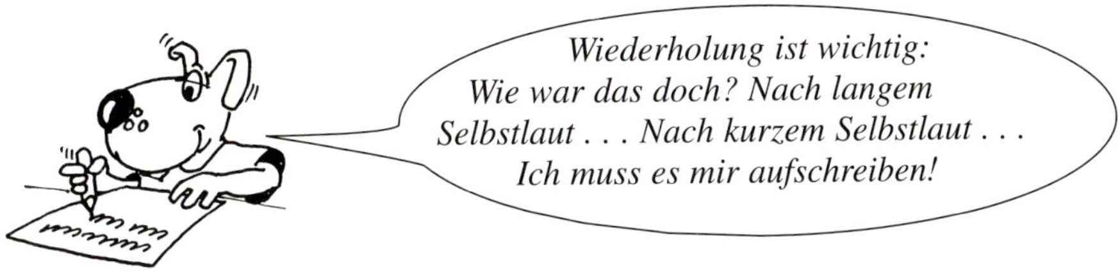

Das hat Doggy schließlich aufgeschrieben. (Das Wichtigste hat er vergessen.)

14 Kannst du die beiden fehlenden Wörter e r g ä n z e n ?

Nach **langem** Selbstlaut → steht nur [______] Mitlaut.

die R **o** s e

die R o *s* e

Nach **kurzem Selbstlaut** → wird ein **einzelner** Mitlaut oft [______].

das R **o** s s

das R o *s s*

---

15 Welche **Lernwörter** aus **Text 2** sind hier in **Geheimschrift** dargestellt?
(Die Wörter lassen sich an den Umrissen erkennen.)
S c h r e i b e die Wörter a u f !

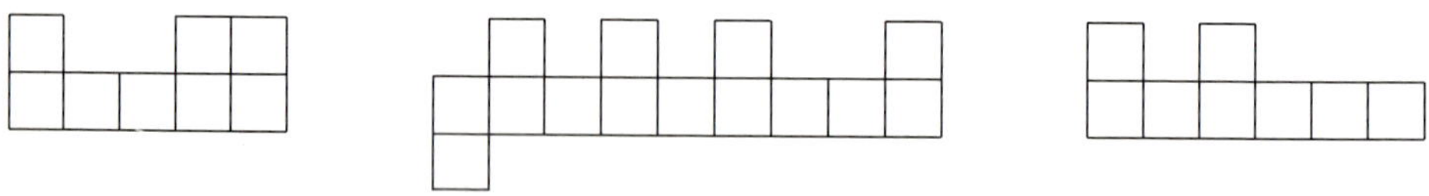

Draht

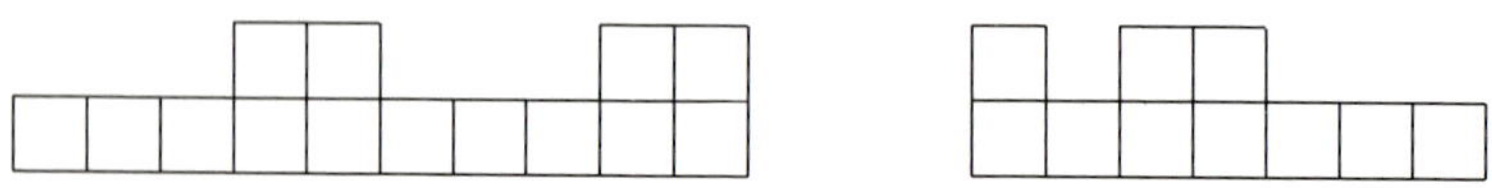

16 S e t z e aus den Silben die richtigen Wörter z u s a m m e n. (S t r e i c h e die Silben a u s, die du schon verwendet hast!)

VIE MÄCH LE PIER GÄN

KLET MEN TERN TIG LE

HÖH VER GE IR

REN PA ZÄH

Darin hält der Bär seinen Winterschlaf: □□□□□

An Felswänden muss man □□□□□□□□

Ein Maulwurf baut sich unter der Erde □□□□□

Darauf schreibt man: □□□□□□

Ein König ist □□□□□□□

Gegenteil von *wenige*: □□□□□

In einem großen Wald kann man sich □□□□□□□□

Für den Zirkus muss man wilde Tiere □□□□□□

---

17 R e i m e !

ein Glas Bier → ein Blatt Pap ... der breite Flur → die lange Schn ...	eine feine Naht → ein dünner Dr ... die Brücke → die Stü ...

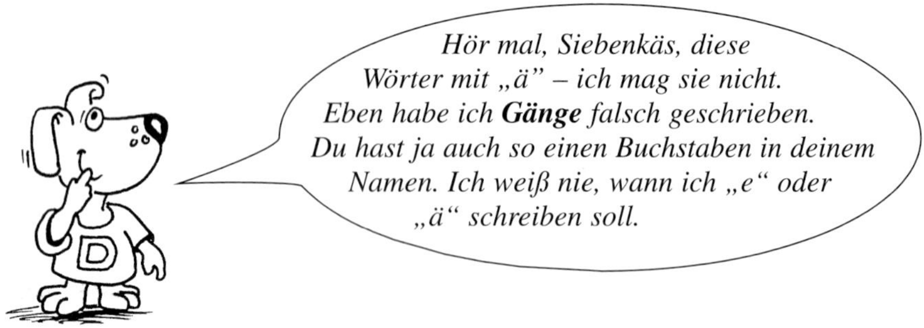

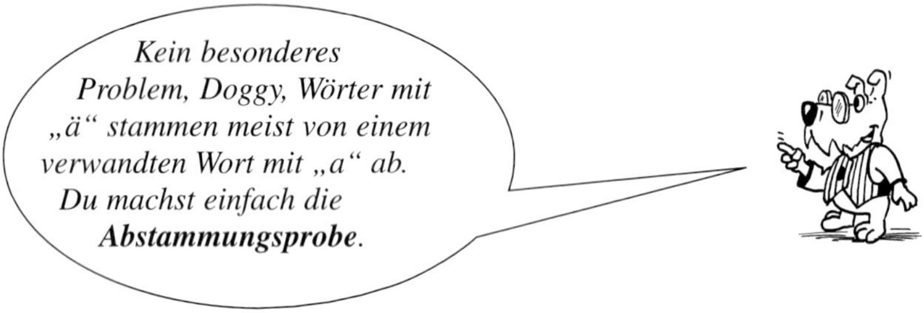

Sieh dir diese Beispiele für **Abstammungsproben** an!

gefährlich ← **die Gefahr**

die Gänge ← **der Gang**

Alle diese Wörter haben ein „**ä**“:

ärgern – ertr**ä**glich – st**ä**dtisch – l**ä**ngst – sp**ä**rlich – kl**ä**glich – n**ä**mlich – z**ä**hlen – z**ä**rtlich – vertr**ä**glich – **ä**ngstlich – schw**ä**chlich

✎ **18** S c h r e i b e a u f , von welchen Wörtern mit „**a**“ die Wörter oben abstammen.

Unter diesen Wörtern findest du:

4 Namenwörter (Substantive)	**4 Zeitwörter** (Verben)	**4 Eigenschaftswörter** (Adjektive)
städtisch ← Stadt	erträglich ← ertragen	ärgern ← arg
____________	____________	____________
____________	____________	____________
____________	____________	____________
____________	____________	____________

Merke:

Mache immer die **Abstammungsprobe**, wenn du nicht weißt, ob man ein Wort mit „**ä**“ oder „**e**“ schreibt.

4. Tag

19

Kreuzworträtsel sind etwas Schönes. Also freue dich auf die nächste Aufgabe. S c h r e i b e nur in **Großbuchstaben** und mit Bleistift.
Wichtig: „Ä“ ist immer **ein** Buchstabe!

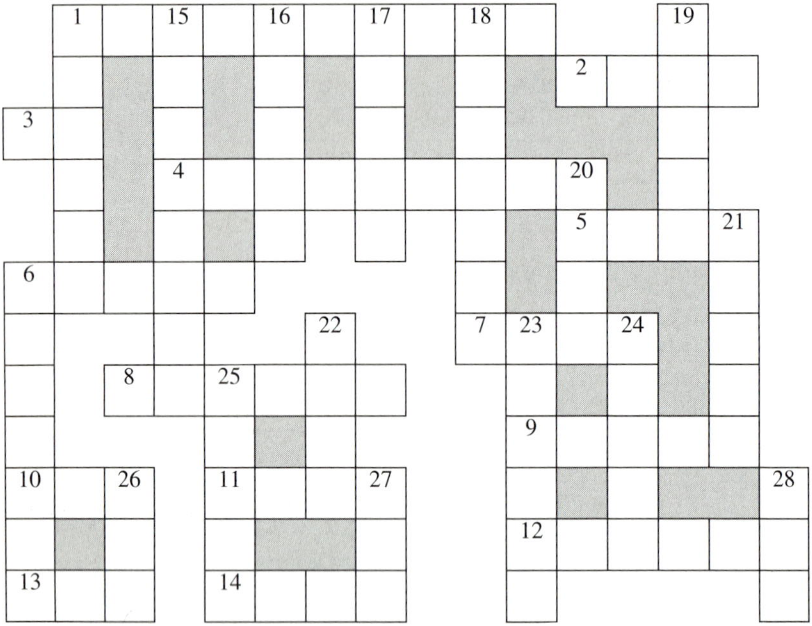

Waagerecht:

1. Die zarteste Versuchung, hergestellt aus der Kakaobohne.
2. Du kannst ihn treten oder werfen; wenn du seinen ersten Buchstaben gegen ein „F“ austauschst, hast du das gesuchte Wort.
3. Abkürzung für *das heißt* (natürlich ohne Punkte).
4. Damit schreibst du.
5. Kann dir von einem  zugefügt werden; wenn du den ersten Buchstaben durch ein „R“ ersetzt, hast du das gesuchte Wort.
6. Zur Abwechslung ein Satz, er heißt: „Meine Schwester *treibt* mich noch zum Wahnsinn.“ Setze das *Zeitwort* (Verb) in die **Vergangenheit** (Präteritum).

7. Entströmt  und wirkt auf unser Riechorgan betörend.
8. Wer anderen ein wichtiges Geheimnis erzählt, ist ein Schurke und begeht __________.
9. Eine Waffe, mit der heute niemand mehr kämpft; im Museum findest du prächtige Exemplare davon.
10. Mit dem Anfangsbuchstaben „S“ ist es das, was unser Leben haben sollte, ohne „S“ dagegen ist es ein Nebenfluss der Donau – und der ist gesucht.
11. Jeder will es werden, niemand will es sein. Mit einem „H“ davor ist es die Stelle, bei der man aus der U-Bahn aussteigen kann – und die ist gesucht.
12. Ein süßer Saft, den Insekten aus Blüten stibitzen.
13. Wer unruhig ist, geht *hin* und _____.
14. Mit „L“ ist es das, was uns in höhere Stockwerke befördert, mit „G“ jedoch etwas, worauf wir gerne verzichten – und das ist gesucht.

Senkrecht:

1. Damit kannst du jemanden fesseln, du brauchst sie aber auch, wenn du ein Paket wegschickst.
6. Liegt auf dem Boden und wird ständig getreten.
15. Ich kenne zwei köstliche Waldfrüchte. Rot sind beide und ihr Aroma ist einzigartig. Eine ist gemeint.
16. Im Frieden gibt es ihn nicht, und wenn es ihn gibt, ist kein Frieden.
17. Eine wichtige Person, die benötigt wird, um  sicher in den Hafen zu leiten.
18. Kleine Kinder benützen kein Zweirad, sondern lieber ein________.
19. Immer, wenn du so aussiehst, fragt deine Mutter: „Ist dir nicht gut?“
20. Ich *treffe* meinen Freund. Wie heißt das *Zeitwort* in der Vergangenheit?
21. Wenn es kalt ist und du ihn vergessen hast, bist du nicht so gut angezogen.
22. Von welchem Wort kann man *zählen* ableiten?
23. Wenn du dich benimmst wie ein , dann sagt dein Vater: „Mach keinen __________.
24. Ohne ihn gäbe es keine Zigaretten.
25. Gesucht ist ein anderes Wort für *still.*
26. Schade, aber nicht zu ändern: Jeder Mensch hat ______ ein Leben.
27. Ein Verbrecher wird für seine _________ verurteilt.
28. Abkürzung für Internationales Rotes Kreuz.

20 Eine Aufgabe zum Nachdenken.
Welche Bilder ergeben ein **zusammengesetztes Namenwort** (Substantiv)?
S c h r e i b e a u f ! (A c h t e auf Verdoppelungen!)

Beispiel: *Wal* und *Nuss* → *Walnuss*

Zum Schluss wieder Wortakrobatik!

21 S u c h e diesmal jeweils das passende **Grundwort**!

Geschenk	Toiletten	alt	Pack	Papier
Hütten	Lack	Berg	Sport	
Holz	Keller	Marmor	Wendel	
Fuß	Feder	Opern	Abschluss	

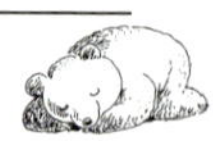

5. Tag

Aufbruch

3 Nach und nach **trafen** Bens Freunde ein. „Hallo, Ben! Eine gute **Idee**, heute die Höhle zu erforschen.“ **Jetzt** waren alle **versammelt**, **fast** alle, wo blieb Andrea? Sie **kam** ja **meistens** etwas zu **spät**, **deshalb beschlossen** die Kinder auf sie zu warten. **Endlich traf** auch sie ein, abgehetzt sprang sie vom **Fahrrad**. Die Sonne **brannte** schon **ziemlich heiß** und alle waren **froh**, als sie nach einer halben Stunde den **kühlen**, **schattigen** Wald **erreicht** hatten.

22 Welche **Lernwörter** aus dem Text sind hier in **Geheimschrift** dargestellt? (Du kannst sie an ihren Umrissen erkennen.)
S c h r e i b e die Wörter a u f !

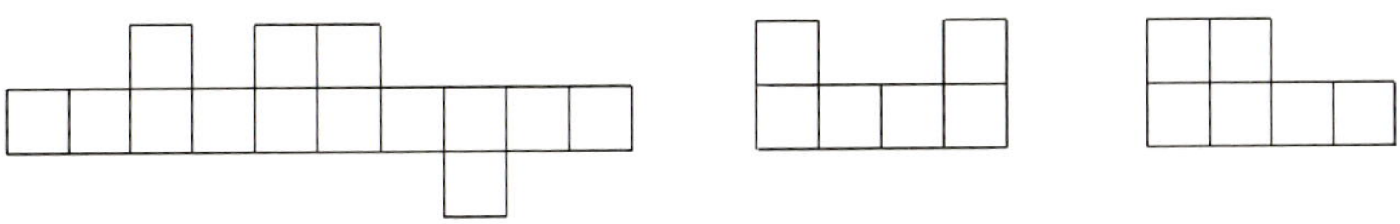

s c h ________ ________ ________

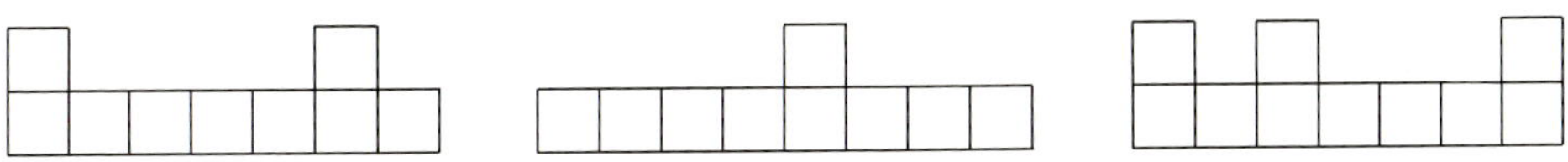

________ ________ ________

23 Hinter den **Bilderrätseln** verbergen sich **vier zusammengesetzte Namenwörter** (Substantive), die alle **Verdoppelungen** enthalten.
S i e h dir die Rätsel zuerst genau a n !

Vielleicht kannst du Bilderrätsel noch nicht lösen. Ich helfe dir dabei.

1

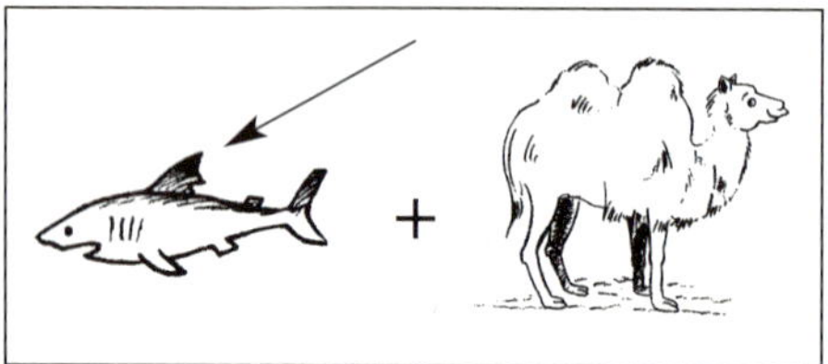

F=SCH ~~*E*~~	*M=P* *+LE*

Linkes Bild: eine *FLOSSE.*
F=SCH bedeutet: Das *F* soll durch *SCH* ersetzt werden. Aus *FLOSSE* wird *SCHLOSSE.*
~~*E*~~ bedeutet: Das *E* muss weg. Aus *SCHLOSSE* wird ***SCHLOSS***.

Rechtes Bild: ein *KAMEL.*
M=P bedeutet: Das *M* soll durch ein *P* ersetzt werden. Aus *KAMEL* wird *KAPEL.*
+LE bedeutet: Am Wortende kommt *LE* dazu. Aus *KAPEL* wird...

Kannst du nun das zusammengesetzte Namenwort (Substantiv) aufschreiben?

2

Z=K	*ME=KI* *R=N*

3

F=P	*M=K D=T*	*zweites ~~R~~*

4

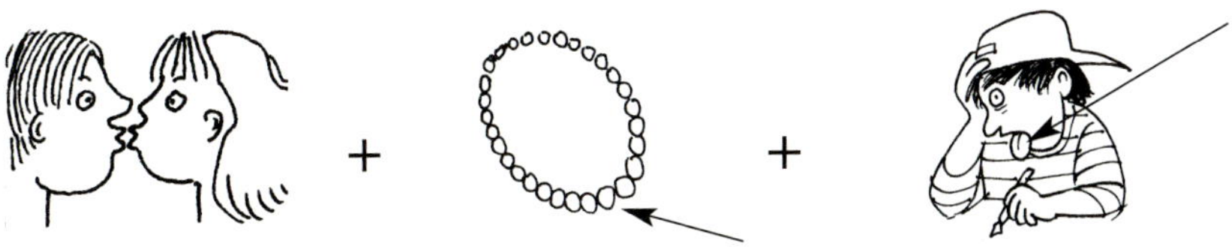

K=SCH	*P=V*	*T+ ~~E~~*

✎ **24** Welche Wörter des **Arbeitstextes 3** auf Seite 23 passen in die Lücken?

Ich kam zu ____________ zur Schule.
Ich bin in Eile, deshalb habe ich ____________keine Zeit für dich.
Wenn es im Sommer manchmal sehr _____________ ist, gehen wir in den _______________, __________________ Wald.

25 Bei der folgenden Aufgabe sollst du einige **Zeitwörter** (Verben) in **verschiedene Zeiten** setzen. Außerdem sollst du **verwandte Namenwörter** (Substantive) finden.
S c h r e i b e nur die **fehlenden** Wörter a u f !

Grundform (Infinitiv)	**Gegenwart** (Präsens)	**1. Vergangenheit** (Präteritum)	**Namenwort** (Substantiv)
kommen	er kommt	er kam	die Ankunft
treffen	sie ____________	wir ____________	der ____________
____________	du bleibst	ich ____________	die B____________
____________	er beschließt	sie ____________	der ____________
brennen	es ____________	es ____________	der B____________
springen	du ____________	ich ____________	der ____________

26 S e t z e die **Wortteile** richtig z u s a m m e n !
An der **Nahtstelle** treffen jeweils

zwei (r r) aufeinander.

F a h r | r a d

er	zer	ver	vor	+	reisen	reichen	reißen	rätig

Zeit für unsere Wortakrobatik.

27 S u c h e diesmal ein „Brückenwort“, also ein Wort, das man sowohl mit dem **linken** als auch mit dem **rechten** Wort zusammensetzen kann: *Sommer****zeit*** und ***Zeit****abschnitt*.

1. Sommer ___Zeit___ Abschnitt
2. Klassen ___________ Antenne
3. Glocken ___________ Spitze
4. Ritter ___________ Anfall
5. Stamm ___________ Wolle

(Wie du hoffentlich bemerkt hast, haben alle Wörter Verdoppelungen!)

Test 1 Hast du bisher gut gearbeitet? Prüfe dich nun selbst!

28 E r g ä n z e die Buchstaben im folgenden Text.

Aufbruch zur Höhle

Ben und seine Freunde haben zuf___ig eine t___f im Wald verste___te Hö___le en___de___t. An einem he___lichen So___ertag machen sich die Kinder auf den Weg zur Hö___le. Sie tre___en sich vor Bens Haus. Den Eltern haben sie von ihrem Pl___ nä___lich nichts ve___aten. Sie wissen zu genau, dass es gef___rlich ist, in eine Hö___le zu kle___ern. Der Tag ist schön und die So___ne bre___t mit ihren hei___en Str___len vom Hi___el herab, als sie sich auf den Weg machen.

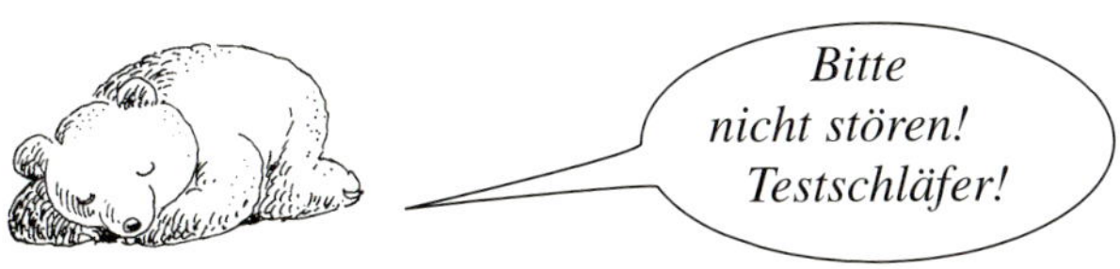

6. Tag

Spurensuche

4 Im Wald war es ganz **still**. Die Kinder **traten auf** weiches **Moos** und **stolperten gelegentlich über** eine **Wurzel**. **Plötzlich rief** Andrea: „Seht mal, was hier **wächst**!“ Sie hatten eine Lichtung **erreicht** und staunten: An **mehreren Stellen** leuchtete ihnen das Rot wilder **Erdbeeren*** entgegen. Die Kinder **aßen vergnügt** die **köstlichen** Früchte, die hier **überall wuchsen**. Nun aber **mussten** sie die **Höhle** noch einmal finden. Ben erinnerte sich, dass der Weg an einer **Quelle vorbeiführte**. Bald **hörte** der Weg **auf** und es wurde **schwierig**, sich an die **Spuren** zu **erinnern**, die sie sich eingeprägt hatten, um erneut zur **Höhle** zu gelangen.

29 Die folgenden **Lernwörter** haben alle einen **langen Selbstlaut** (Vokal/Umlaut).
S c h r e i b e sie aus dem Arbeitstext h e r a u s !

ö*h*, e*h*, ü*h*	i*e*	o*o*	e*e*
Höhle	______	______	______
______	______		
______			

Hast du gemerkt, dass Dehnungszeichen *schräg* gedruckt sind? Also: *h*, *e*, *o*.

30 Zur Abwechslung eine Wortkette (vergleiche Seite 7).
V e r w e n d e die folgenden Wörter dazu.

Moos	gelegentlich	schwierig	Höhle	Erdbeere

Moo**s** ______ ______ ______ ______

* Am Ende des Lösungsteils findest du einen wichtigen Warnhinweis zum Fuchsbandwurm.

Merke:

Nach **langen Selbstlauten** (Vokalen: **a**, **e**, **i**, **o**, **u**) oder **Umlauten** (**ä**, **ö**, **ü**) steht oft ein

Dehnungszeichen:

Ben li*e*gt wie auf M**o***o*s und f**ü***h*lt sich in der Se*e*le w**o***h*l.

e *o* *h* *e* *h*

In der Regel spricht man einen **Selbstlaut** (Vokal) **lang**, wenn ihm ein **Dehnungszeichen** folgt.

Merke:

Ein **Dehnungs-h** steht nur **vor**

l – m – n – r

Stu*hl* — Ra*hm*en — Hu*hn* — U*hr*

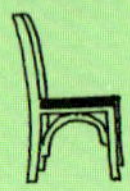 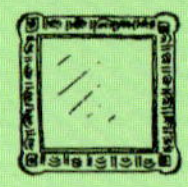  

Beispiele für **Ausnahmen**:

Sch**a** *l*
Sch**a** *m*
T**o** *n*
T**o** *r*

Lange Selbstlaute (Vokale), denen **kein Dehnungs-h** folgt!

31 Die folgenden **Reimwörter** passen zu dieser Ausnahme!

Kapelle und **Dom**
Fluss und *Strom*

 und **Tal**
Pein und ________

Kind und 

Faden und ________

sprechen und **hören**
aufpassen und __________

 und **Apfelsine**
Butter und _______________

Besitz ist **Eigentum**
Liebe ist *Rei*__________

Wasser und 
Baustelle und __________

Wer **nä**__________ mit „h“ schreibt, ist d______lich!

✎ **32** S e t z e jeweils das **Zeitwort** (Verb) in die **1. Vergangenheit** (Präteritum).

	Gegenwart	1. Vergangenheit	
Die Kinder	treten	traten	auf weiches Moos.
Sie	essen		köstliche Erdbeeren.
Erdbeeren	wachsen		an mehreren Stellen.
Sie	müssen		die Höhle finden.
Der Weg	führt		zu einer Quelle.
Sie	können		sich daran erinnern.
Sie	stolpern		über Wurzeln.

✎ **33** S e t z e wieder richtig z u s a m m e n !

Erdwasser   Wegwurzel   Quellbeere   Baumspur

Erdb______ ______ ______ ______

Es gibt nicht viele Wörter mit **doppeltem Selbstlaut**!
P r ä g e sie dir daher gut e i n !

✎ **34** S e t z e die Buchstaben richtig z u s a m m e n !

H, S, W – aa – ge, r, l

M, l, B – ee – r, t, r

T, B, S – ee – re, r, le

M, M, B – oo – t, s, r

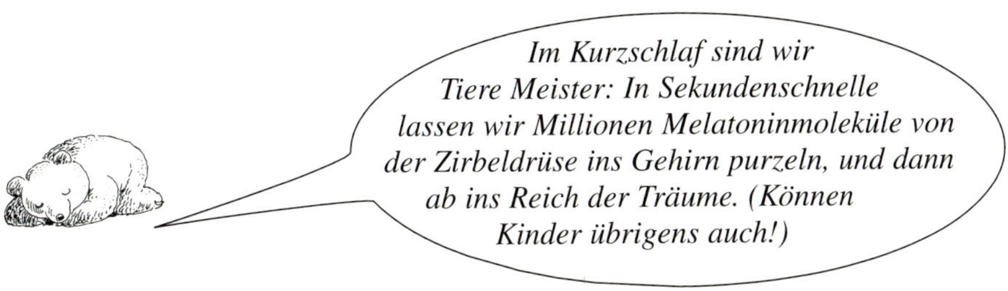

7. Tag **35**

Und noch einmal ein großes Kreuzworträtsel!

Hinweis: Wenn du ein Wort nicht findest, so macht das nichts, viele Wörter ergeben sich *senkrecht* von selbst.

1	23	24	■	2	25	26	27		■	28	■	■	■
3			29	■	4			■	5			30	31
	■	6		32		■		■	■		■	7	
	■	■	8			33	■	34	■	9	35		
■	10	36			■	11	37		38	■	12		
13			■	14						39		■	■
15			■	■	■		■	16				40	■
17			41		■	18	42				■		■
	■	19			■	■		■	■	20	43		
21		■		■	22							■	■

Waagerecht:

1. Niemand kann genug davon haben. Ohne die beiden letzten Buchstaben ist es etwas, das man sich in die Haare schmieren kann.
2. Die Hauptstadt von Griechenland. Du solltest sie kennen.
3. So etwas ist dein Schwarm. Einen Publikumsliebling nennt man so.
4. Koseform von *Oma*.
5. Von Wäsche, die noch nicht ganz trocken ist, sagt man, sie sei _____. Oder setze einfach vor dieses Tier den passenden Buchstaben.

6. Gegenteil von *heiß*.
7. Daraus schlüpft ein neues Lebewesen.
8. Es ist weich wie Samt und wächst im Wald. Ben ist barfuß darauf gelaufen.
9. Ein wunderbares Haustier (in südlichen Ländern). Leider vom Aussterben bedroht.

10. Waagerechter Wandvorsprung, z.B. unter einem Fenster.
11. Wer nichts mehr hört, ist es.
12. Unser wichtigstes Organ. Streiche den ersten Buchstaben, die verbleibenden Buchstaben sagen dir, in welcher Form Metalle in der Natur vorkommen.
13. Sehr kleiner Baustein der Welt. Vergiss den ersten Buchstaben und du hast den gesuchten Vornamen.
14. Gegenteil von *vergessen*.

15. Weide hoch im Gebirge, auf der nur die Kühe nicht jodeln.
16. Kann man zum Waschen benützen. Bei Kindern unbeliebt.
17. Wenn man gestorben ist, schwebt sie zum Himmel empor.
18. Daraus macht man Zäune.
19. Mit etwas Glück kann man dieses scheue Tier im Wald erspähen.
20. Reimt sich auf Tage, ist aber eine Geschichte aus längst vergangenen Zeiten.
21. Abkürzung für Europäische Gemeinschaft.
22. Namenwort zu *betreiben.*

Senkrecht:

1. Namenwort zu *gierig.*
10. Darauf läufst du. Entfernst du das Dehnungszeichen (damit ist aber kein hörbares „h“ gemeint!), so erhältst du den Namen für kochsalzhaltiges Wasser.
13. 
23. Abkürzung für *echt doof.* 
24. Abkürzung für diese Zugmaschine: 
25. Gewinnspiel beim Fußball.
26. Zwei Mitlaute, die du von dir gibst, wenn du ratlos bist.
27. Kein Sommer ohne diese Süßigkeit.
28. Manche Blätter von dieser Pflanze können Glück bringen.
29. Beim Pferd heißt's Fohlen. Beim Schaf?
30. Reimt sich auf *Teer* oder *Heer.* Ist aber tausendmal schöner.
31. Ein ziemlich unbekanntes Organ auf unserer linken Seite.
32. Sollte man sich nicht kaufen. Wenn man sie öffnet, heißt es fast immer: *Leider kein Gewinn!*
33. Gegenteil von *laut.*
34. Kommt von *können*, kann aber trotzdem nicht jeder. Was Mozart oder Goethe gemacht haben, nennt man so.
35. Wer Würstchen isst, braucht ihn.
36. Er ist *nie* krank. Gegenteil: Er ist __________ krank.
37. Verhältniswort (Präposition).
38. Darin schläfst du. Ersetze ein „*t*“ durch ein „*e*“ und du kannst Blumen darin anpflanzen.
39. Weißt du, wie man so einen Burschen nennt? (Schläft Gott sei Dank!)
40. Die Hose ist nicht zu *weit*, sie ist zu _______ .

41. Erinnerst du dich: Die dem Wind abgewandte Seite heißt _______ .
42. Jeder will es werden, niemand will es sein.
43. Welche zwei Buchstaben passen hier? *WX – CD* *YZ –* ___

36

Welches dieser Wörter passt jeweils in die Leerstellen?

Boot – Waage – Teer – leer – Haar – Zoo – Beere – Moos – Beet – Saal – Moor – Meer

Blumen-_______________	_______________-schopf
Segel-_______________	_______________-polster
Him-_______________	_______________-bad
Brief-_______________	_______________-direktor
Fest-_______________	_______________-straße
Mittel-_______________	_______________-lauf

Hier musst du aufpassen!

Merke:

ein *Paar* Schuhe = **zwei** Schuhe, die **zusammengehören**

ein *paar* Tage = **einige** Tage, es können **zwei**, **drei** oder **mehrere** sein

37

S e t z e richtig e i n : **paar** oder **Paar**.

1. Ich habe ein __*aar* Mark verdient. 2. Mutter kaufte mir ein __*aar* Strümpfe. 3. Wir sahen uns ein __*aar* Wochen nicht. 4. Tanja schenkte mir ein __*aar* Briefmarken. 5. Ich habe mein neues __*aar* Handschuhe verloren. 6. Mein Vater gab mir noch ein __*aar* gute Ratschläge mit auf den Weg.

Zeit für unsere Wortakrobatik.

38 Suche wieder die **Brückenwörter** und schreibe sie auf!
Hinweis: **Alle** Brückenwörter haben einen **langen Selbstlaut** (Vokal), aber **nicht** alle haben ein **Dehnungszeichen**!

1. Toiletten	*P* ____________		Serviette
2. Nacht	*St* ____________		Ausfall
3. Dach	*Z* ____________		Stein
4. Aus	*S* ____________		Gut
5. Holz	*St* ____________		Hochsprung
6. Gast	*Sp* ____________		Verderber
7. Augen	*L* ____________		Schatten

Hier die Erklärung zu Seite 14: ...Ze**h und** ich heirateten ra**sch in Ken**tucky.
Die **fett** gedruckten Buchstaben ergeben die Lösung: **Hund** – **Schinken**.

8. Tag

Am Ziel

5 „Da ist die Holzhütte!“, rief Ben. „Und hinter dem Abhang **muss** die **Höhle liegen**“, fügte Andrea hinzu, „ich kann mich genau **erinnern**.“
Sie zwängten sich durch dorniges Gestrüpp und richtig, vor ihnen **öffnete** sich der **schmale** Eingang. „**Sieht** aus wie das Maul eines Ungeheuers“, meinte Dirk. Einer **musste** am Eingang bleiben für den **Fall**, dass etwas **passieren sollte**. Das **Los entschied**. „Ich **wusste**, dass es mich **treffen** würde“, sagte Dirk ein wenig **unglücklich**.
Zuletzt **packte** Ben seine **Schnur** aus, er wollte sie am Ast einer Buche **befestigen**. „Wir **nehmen** sie mit, damit wir den **Rückweg** wieder finden.“
Da hatte er eine Idee: „Dirk, du bindest sie besser um deinen Bauch. Wenn wir dreimal hintereinander fest daran ziehen, brauchen wir Hilfe.“

39 O r d n e alle Wörter, die in **Text 5 fett gedruckt** sind, nach dem **Alphabet**!

---

40 Du darfst wieder r e i m e n !

die Qu**al**	er l**iegt**	er s**ollte**	pass**ieren**	w**issen**
das Line____	er w_____	er gro_____	alarm_____	Gew_____
der  _______	er  ________	er  _______ nicht	die Bombe wird  __________	das  _________
der Pok____	er b_____	ich to_____	blam______	zerr________
das Lok____	sie s_____	er wo_____	dikt_______	verm_______

Lösungen zu 204

Rechtschreiben

1 *Sicher ist dir die Lösung nicht schwer gefallen:*
Verdoppelung bei zufä*ll*ig, entde*ck*t, ho*ff*entlich

Sieh noch einmal bei dir nach: ***ein „t“*** *in* ***hoffentlich*** *und* ***zwei „t“*** *in* ***entdeckt****.*

2 *So heißen die gesuchten Wörter:*
gri*ff* – he*rr*lich – ha*ll*o – ho*ff*entlich – intere*ss*ant

3 *Sicher hast du den wichtigen Spruch gefunden:*
Unser wertvo**ll**stes Gut ist die Zeit.
Hast du die Verdoppelung in wertvollstes *beachtet?*

4 *So sieht die richtige Wortkette aus:*

Himbeere**n** – **n**ämlic**h** – **H**öhl**e** – **e**ntdeck**t** – **t**ie**f** – **f**erti**g** – **g**riff

5 du*f*tete, Lu*s*t, Hi*m*beere

6 ha*s*st – Zi*m*t – mi*t* – erho*ff*t – Ku*ss* – fa*s*st – ha*l*lt – se*l*ten

7 *So musstest du die Zeitwörter aufschreiben:*
Ben **reibt** – es **duftet** – er **greift** – er **verspricht** – die Höhle **liegt** – den Eltern **darf**

8

L	I	S	T
L	U	S	T
L	U	F	T
D	U	F	T

9 *Das Eigenschaftswort heißt: LUSTIG.*

10 *ent*waffnen – *ent*laden – *ent*wurzeln – *ent*kernen

11 *End*spiel – *End*station – *End*spurt – *End*ergebnis – *End*runde

12 *Die Bestimmungswörter heißen:*
Sommer – Bienen – Auto – Oster- – Regen

13 *Diese Wörter passen nicht dazu:*
fühlen – gefährlich – unglaublich – vergessen

14 Nach langem Selbstlaut steht nur **ein** Mitlaut.
Nach kurzem Selbstlaut wird ein einzelner Mitlaut oft **verdoppelt**.

15 *Diese Wörter hast du hoffentlich gefunden:*
plötzlich – Schnur – vielleicht – Schluss

16 Höhle – klettern – Gänge – Papier – mächtig – viele – verirren – zähmen

17 Papier – Schnur – Draht – Stücke

18 *Hast du alles gefunden?*

nämlich		Name	spärlich		sparen	längst		lang
zählen	⇦	Zahl	kläglich	⇦	klagen	zärtlich	⇦	zart
ängstlich		Angst	verträglich		vertragen	schwächlich		schwach
kläglich		Klage						

19 *Hier also die Lösung des Kreuzworträtsels.*

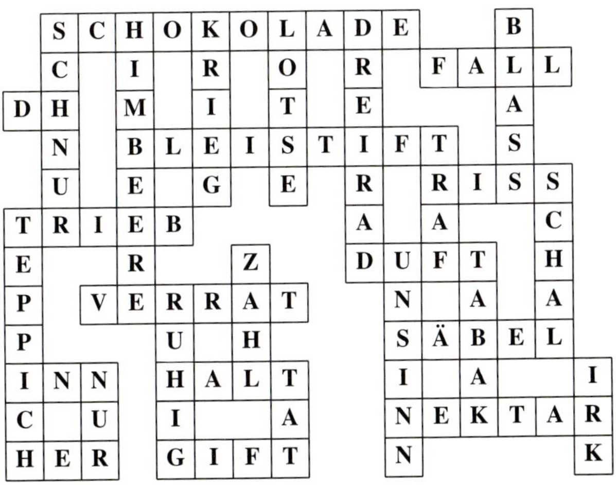

20 Herzblatt – Schlüsselblume – Bergkette – Eisenbahnbrücke

21 *Dies sind die Grundwörter:* Schuhe – Treppe – Ball

22 *War die Geheimschrift schwierig?*
schattigen – traf – Idee – brannte – meistens – Fahrrad

23 *War das Bilderrätsel schwer?*
Schlosskapelle – Kopfkissen – Passkontrolle – Schussverletzung

24 spät – jetzt – heiß – kühlen – schattigen

25 *So hast du richtig eingesetzt:*

Grundform	Gegenwart	1. Vergangenheit	Namenwort
kommen	er kommt	er kam	die Ankunft
treffen	sie **trifft**, sie **treffen**	wir **trafen**	der **Treffer**
bleiben	du bleibst	ich **blieb**	die **Bleibe**
beschließen	er beschließt	sie **beschloss**(en)	der **Beschluss**
brennen	es **brennt**	es **brannte**	der **Brand**
springen	du **springst**	ich **sprang**	der **Sprung**

26 *Hast du wirklich überall „rr" geschrieben?*
erreichen – zerreißen – verreisen – vorrätig

27
2. Klassenzimmer – Zimmerantenne
3. Glockenturm – Turmspitze
4. Ritterschlag – Schlaganfall
5. Stammbaum – Baumwolle

28 **Test 1** *Vergleiche bitte genau!*

zufällig – tief – versteckte – Höhle – entdeckt – herrlichen – Sommertag – Höhle – treffen – Plan – nämlich – verraten – gefährlich – Höhle – klettern – Sonne – brennt – heißen – Strahlen – Himmel

Du hast gut gearbeitet, wenn du nicht mehr als ***zwei Fehler*** *hast.*

29 mehreren rief Moos Erdbeere vorbeiführte schwierig

30 Moos schwierig gelegentlich Höhle Erdbeere

31 Strom – Qual – Spule – stören – Margarine – Reichtum – Kran – nämlich – dämlich

32 traten – aßen – wuchsen – mussten – führte – konnten – stolperten

33 Erdbeere – Wegspur – Quellwasser – Baumwurzel

34 *Diese Wörter konntest du leicht herausfinden:*

Haar	Meer	Teer	Moos
Saal	leer	Beere	Moor
Waage	Beet	Seele	Boot

Vielleicht hast du auch diese Wörter aufgeschrieben:
Saar (*das ist ein Fluss*) – Lee (*Seeleute nennen so die dem Wind abgekehrte Seite*) – See – Tee

35

G	E	L		A	T	H	E	N		K			
I	D	O	L		O	M	I		K	L	A	M	M
E		K	A	L	T		S			E		E	I
R			M	O	O	S		K		E	S	E	L
	S	I	M	S		T	A	U	B		E	R	Z
T	O	M		E	R	I	N	N	E	R	N		
A	L	M				L		S	E	I	F	E	
S	E	E	L	E		L	A	T	T	E		N	
S		R	E	H			L			S	A	G	E
E	G		E		B	E	T	R	I	E	B		

36 Blumenbeet – Segelboot – Himbeere – Briefwaage – Festsaal – Mittelmeer – Haarschopf – Moospolster – Moorbad – Zoodirektor – Teerstraße – Leerlauf

37 1. ein *paar* Mark 2. ein *Paar* Strümpfe 3. ein *paar* Wochen 4. ein *paar* Briefmarken 5. ein *Paar* Handschuhe 6. ein *paar* gute Ratschläge

38
1. Toilettenpapier – Papierserviette
2. Nachtstrom – Stromausfall
3. Dachziegel – Ziegelstein
4. Aussaat – Saatgut
5. Holzstab – Stabhochsprung
6. Gastspiel – Spielverderber
7. Augenlid – Lidschatten

39 befestigte – entschied – erinnern – Fall – Höhle – liegen – Los – muss – musste – nehmen – öffnete – packte – passieren – Rückweg – schmale – Schnur – sieht – sollte – treffen – unglücklich – wusste

40

das Lineal	er wiegt	er grollte	alarmieren	Gewissen
der Wal	er fliegt	er rollte	explodieren	das Kissen
der Pokal	er biegt	ich tollte	blamieren	zerrissen
das Lokal	sie siegt	er wollte	diktieren	vermissen

41 *Vergleiche genau mit deinen Wörtern! Verbessere Fehler!*
Paketschnur – Eselsbrücke – Löwenzahn – Krokodilstränen – Bienenstock – Zwiebelturm – Walnuss – Lampenschirm – Schlossgespenst

Das schöne Buch von Astrid Lindgren heißt **Ronja Räubertochter**.

42 wöchen**t**lich – hoffen**t**lich – gelegen**t**lich – eigen**t**lich – flehen**t**lich – orden**t**lich

43 *Sicher hast du alle Tiere gefunden!*
Affenzirkus – **Katzen**wäsche – **Bienen**stich – **Schnecken**post – **Drossel**bart – **Fliegen**pilz

44 **Test 2** *Vergleiche bitte wieder genau!*

mehreren – Stellen – essen – köstliche – Erdbeeren – Quelle – dornigem Gestrüpp – öffnet – schwer fällt – herauszukommen – nehmen – Schnur

*Wenn du nicht mehr als **einen** Fehler gemacht hast, dann hast du **gut** gearbeitet und kannst dir von deinen Eltern das **1. Prüfungsdiktat** (Seite 67) diktieren lassen.*

45

R	U	H	E
R	U	T	E
R	A	T	E
P	A	T	E
P	A	G	E

46

F	A	L	L
F	E	L	L
F	E	L	D
G	E	L	D
G	O	L	D

47

←		→
der Duft	**duften**	duftig
der Spott	**spotten**	spöttisch
die Bewegung	**bewegen**	beweglich
die Eile	**eilen**	eilig
die Freude	**freuen**	freudig
der Glaube	**glauben**	gläubig
der Ärger	**ärgern**	ärgerlich

48 die **Neugier** des Kindes – die **Vorsicht** des Autofahrers – die **Gefährlichkeit** der Höhlentour – die **Kraft** des Eisbären

49 das **glückliche** Eichhörnchen – der **harte** Stahl – der **gewaltige** Sturm – der **süße** Honig

50 *Dies ist eine Lösung:*

Namenwörter	Eigenschaftswörter	Zeitwörter
Rat	still	fallen
Spott	tief	suchen
Ruhe	hart	ruhen
Freude	gewaltig	glauben
Eile	alt	helfen

Wie viele Wörter hast du gefunden?

Hier kannst du selbst nachprüfen:

F	R	A	M	I	V	O	N	A	U	S
F	A	L	L	E	N	L	O	M	E	G
S	T	I	L	L	S	P	O	T	T	S
A	I	S	T	M	O	N	T	C	I	U
V	A	O	C	O	T	R	U	H	E	C
F	R	E	U	D	E	U	V	E	F	H
G	L	I	M	M	Z	H	S	H	B	E
E	G	L	A	U	B	E	N	A	A	N
I	L	E	B	S	A	N	A	R	T	Z
M	U	A	G	E	W	A	L	T	I	G
O	H	E	L	F	E	N	T	U	B	Y

51 **Test 3** *Vergleiche bitte wieder genau!*

1. Freuden 2. Leiden 3. Schmerzen 4. Hals 5. Fieber 6. Mutter
7. Recht 8. Freude 9. Schule 10. Angst 11. Bettruhe 12. Geduld
13. Durst 14. Ärger 15. Getränk 16. Hustentee 17. Glück
18. Nachmittag 19. Julia 20. Bett 21. Weihnachten
22. Weihnachtsplätzchen 23. Langeweile 24. Schule

52

	Namenwörter mit den Endsilben			
-heit	**-nis**	**-keit**	**-ung**	**ohne Endsilbe**
Sicherheit Dummheit	Finsternis Erlebnis	Helligkeit	Verbindung	Angst – Gefühl – Streit – Schreck – Last

53 ein weiter **Wurf** – eine schnelle **Bewegung** – eine gründliche **Untersuchung** – eine häufige **Verwechslung** – eine freundliche **Antwort**

54 Katja braucht **Ermunterung**.
Der Zug hat **Verspätung**.
Sie sucht **Streit**.
Daniel verspürt **Hass**.

55 *Achte stets auf die Endungen der* ***Eigenschaftswörter****!*

Die Nachtigall erfreute uns mit **wundervollem Gesang**.
Der Spieler gewann durch **raschen Entschluss**.
Alle überlebten durch **großes Glück**.
Diese Tat zeugt von **ungewöhnlichem Mut**.
Wir sehnen uns wieder nach einer **langen Reise**.
Melanie musiziert mit **großem Gefühl**.
Er arbeitet mit **unermüdlichem Eifer**.

56 *Hier die Namenwörter nach Endungen geordnet:*

Hoffnung	Erlaubnis	Sicherheit	Ehrlichkeit
Entfernung	Erlebnis	Freiheit	Aufmerksamkeit

57 *Hast du viele Anagramme gefunden?*

Nagel	→	Angel	→	lange
Beil	→	lieb	→	Leib
Lehm	→	Mehl	→	Helm
Halm	→	Mahl	→	lahm

Leben	→	Nebel	fast	→	Saft
Noten	→	Tonne	Samt	→	Mast
ernst	→	Stern	Schar	→	rasch
Saum	→	Maus	Torf	→	fort
aber	→	Rabe	Beine	→	Biene
Else	→	Esel	Lech	→	Elch

58 **Test 4** *Vergleiche bitte wieder genau!*

viele – vielleicht – lässt – paar – fertig – kommt – sieht – nämlich – meistens – vergisst – endlich – nimm

Eigentlich solltest du keinen Fehler gemacht haben, sonst müsstest du die Wörter mehrmals wiederholen.

59 **Test 5** *Vergleiche auch diesmal genau!*

unglücklich – fast – gefährlich – wächst – schließlich – schwierigen – passiert – fühlt – oft – sollte – deshalb – am besten – hoffentlich – ziemlich

Du wirst doch hoffentlich keinen Fehler gemacht haben? Wiederhole die Wörter mehrmals, wenn es nicht so ist.

60 **Test 6** *Prüfe genau, ob alles richtig ist.*

Entschluss – Lust – einmal – Berührung – Erlaubnis – erinnert – Sicherheit – Freude – Furcht – Überraschung – Gruppe – gelegentlich – engen – entdeckte

Du solltest wiederholen, wenn du mehrere Fehler gemacht hast.

Warnhinweis: Der kleine Fuchsbandwurm:
Nagetiere wie Mäuse stecken sich mit dem kleinen Fuchsbandwurm an, wenn sie dessen Eier fressen. Sie gehen daran zu Grunde. Von infizierten Mäusen gelangt der Bandwurm in den Fuchs, selten in eine Katze, noch seltener in einen Hund, wenn die Mäuse von ihnen gefressen werden. Allerdings erkranken Fuchs, Katze und Hund nicht wesentlich daran.
Auch der Mensch kann sich über die Eier aus den Ausscheidungen von infizierten Tieren an dieser lebensgefährlichen Krankheit anstecken. Der Infektionsweg über Wildkräuter, Beeren oder Fallobst ist jedoch noch nicht bewiesen.
Glücklicherweise erkrankt nur ein kleinerer Teil der infizierten Menschen. Außerdem besitzt der Mensch Abwehrmechanismen gegen den Fuchsbandwurm, die allerdings nicht sicher sind.
Die Hauptmasse der Eier bleibt in den sichtbaren Ausscheidungen des Fuchses. Jedoch können einzelne Eier von Insekten oder Schnecken verschleppt – oder sogar mit der Luft verweht werden. Bei Kälte und Feuchtigkeit bleiben die Eier lange Zeit ansteckend, nur bei Sonnenlicht sterben sie innerhalb weniger Tage ab. Niedrig wachsende Pflanzen von schattigen Waldrändern sollten deshalb unbedingt gemieden werden – oder erst nach sorgfältigem Waschen und Erhitzen verzehrt werden, denn bei 70° gehen die Keime zu Grunde.

Nach: Dr. med. Klaus Mohr, Gefahr durch den kleinen Fuchsbandwurm, reform-rundschau 6/98, S.26-27

41 Diesmal sind **zusammengesetzte Namenwörter** (Substantive) gesucht. V e r b i n d e , was zusammengehört, und s c h r e i b e die Wörter a u f ! Die **nicht durchgestrichenen** Buchstaben ergeben den Titel eines Buches, das du gelesen haben solltest.

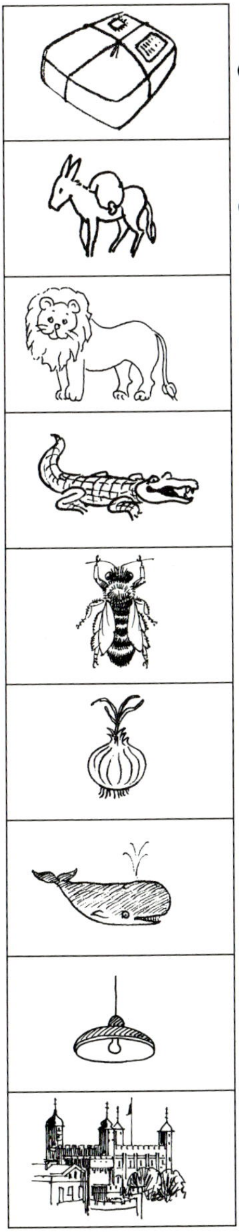

R
A O M
X F
S G M
N B C L
J A A W
M T R L Ä S
U F B T
E O P A
R W I
W T F H K
Y Z
S H O M
L C G N
J H W I
T A E R

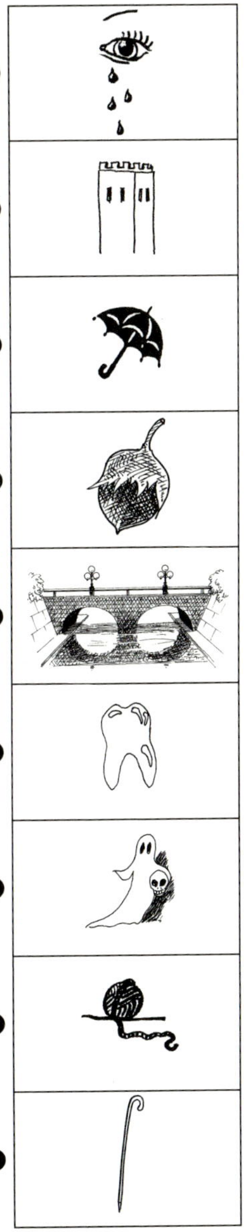

In **Text 4** heißt es einmal: *Die Kinder stolperten gelegentlich über eine Wurzel.* Das Wort *gelegentlich* ist schwierig. Es setzt sich nämlich aus drei Teilen zusammen:

1. Teil:	**2. Teil:**	**3. Teil:**
das eigentliche Wort	ein **dazwischen-geschobener** Buchstabe (hört sich beim Sprechen besser an)	eine Nachsilbe (Suffix)
gelegen	***t***	*lich*

*gelegen**t**lich*

Dieses eingeschobene „***t***“ darf **nie** „***d***“ geschrieben werden!

42 Im folgenden Text findest du **sechs** Wörter, die ebenfalls ein **eingeschobenes** „***t***“ haben.
Schreibe sie auf und unterstreiche das „***t***“!

Badevergnügen

Wöchentlich muss Tom sich baden.
(Es wird ihm hoffentlich nicht schaden!)
Gelegentlich mal sauber sein
ist eigentlich gar keine Pein.
Doch wenn man Tom so reden hört,
merkt man, dass Sauberkeit sein Wohlbefinden stört.
So sagt er denn mit flehentlichem Blick:
„Mama, nein, ich bad mich nicht!“
Umsonst! Er muss hinein ins ungeliebte Nass,
zum Schluss wird’s doch ein ordentlicher Spaß.

Zeit für unsere Wortakrobatik.

43 Diesmal sollst du zusammengesetzte Wörter s u c h e n.
Das **Bestimmungswort** ist jeweils ein **Tier**.
(Diese Tiernamen haben entweder ein **Dehnungszeichen** oder eine **Verdoppelung**.)

Ziegen	Leder	→	*Ziegenleder*
____________	Zirkus	→	______________
____________	Wäsche	→	______________
____________	Stich	→	______________
____________	Post	→	______________
____________	Bart	→	______________
____________	Pilz	→	______________

Test 2 Prüfe dich selbst und schau, ob du gut gearbeitet hast!

44 S c h r e i b e die Wörter a u f , bei denen Buchstaben fehlen.

Am Eingang zur Höhle

An me___reren Ste___en e___en die Kinder kö___liche Erdb___n, ehe sie nach einer Que___e die Höhle finden. Zwischen dornige___ Gestr____ ö___net sich der Eingang zur Höhle. Damit es nicht schw___ f___t, wieder herauszuko___en, ne___men die Kinder eine lange Schn___ mit.

2. **Groß- und Kleinschreibung von Namenwörtern** (Substantiven), **Zeitwörtern** (Verben) und **Eigenschaftswörtern** (Adjektiven)

9. Tag

Diesmal sind auch **Namenwörter** (Substantive) **hervorgehoben**, und zwar solche, die häufig fälschlich **klein**- statt **großgeschrieben** werden. A c h t e auf diese Wörter, wenn du den Text d u r c h l i e s t !

Das Abenteuer beginnt

6 „Ist das aber eng“, stöhnte Patrick, als er sich durch die schmale Höhlenöffnung zwängte. **Schließlich standen** alle in einem großen Raum. Die grabesähnliche **Ruhe** machte ihnen **Angst**. Nur ihre **Tritte** unterbrachen die tiefe **Stille**. Statt des lieblichen **Duftes**, den sie im Tannenwald eingeatmet hatten, drang modriger **Geruch** in ihre Nasen. „Beim Grillen riecht's besser“, sagte Jennifer, aber niemand lachte. Trotzdem war die **Neugier** stärker, alle wollten möglichst weit in die **Tiefe** der Höhle vordringen. **Vorsicht** war angebracht, denn jede **Berührung** mit den Höhlenwänden **ließ** Sand abbröckeln und erhöhte die **Gefahr** des **Einsturzes**.

Wörterzauber

Eine Aufgabe zur Beruhigung und zum Nachdenken. Du kennst diese Denkaufgabe schon von Seite 10.

45 Du darfst von einer Zeile zur nächsten immer nur **einen** Buchstaben ändern. Alle Wörter sind **Namenwörter** (Substantive).

R	U	H	E
P	A	G	E

✎ **46** *Und noch einmal ein Zauberviereck.*

F	A	L	L
G	O	L	D

Von manchen **Zeitwörtern** (Verben) kann man sowohl ein **Namenwort** (Substantiv) als auch ein **Eigenschaftswort** (Adjektiv) ableiten.

Beispiel:

die **Ruhe**	←	**ruhen**	→	**ruhig**
abgeleitetes **Namenwort** (Substantiv)		**Zeitwort** (Verb)		abgeleitetes **Eigenschaftswort** (Adjektiv)

✎ **47** Sicher kannst du jetzt die folgende Tabelle richtig e r g ä n z e n !

der Duft		**duften**		duftig
		spotten		
		bewegen		
	←	**eilen**	→	
		freuen		
		glauben		
		ärgern		

48 Nun sollst du ein **Eigenschaftswort** (Adjektiv) in ein **Namenwort** (Substantiv) verwandeln. S c h r e i b e a u f !

die **fleißige** Mutter — *der Fleiß der Mutter*

das **neugierige** Kind — *die* ______________________

der **vorsichtige** Autofahrer — *die* ______________________

die **gefährliche** Höhlentour — *die* ______________________

der **kräftige** Eisbär — *die* ______________________

---

49 Jetzt die „Umkehraufgabe" (d.h.: Verwandle das Namenwort in ein Eigenschaftswort)!

die **Stille** des Waldes — *der stille Wald*

das **Glück** des Eichhörnchens — *das* ______________________

die **Härte** des Stahls — *der* ______________________

die **Gewalt** des Sturms — *der* ______________________

die **Süße** des Honigs — *der* ______________________

In dem Wörterfeld haben sich mindestens **15 Wörter** versteckt: Es sind **Namenwörter** (Substantive), **Zeitwörter** (Verben) und **Eigenschaftswörter** (Adjektive).

✎ **50** Suche die Wörter heraus und trage sie in *Schreibschrift* in die Tabelle unten ein, achte dabei auf **Groß**- und **Kleinschreibung**!

F	**R**	A	M	I	V	O	N	A	U	S
F	**A**	L	L	E	N	L	O	M	E	G
S	**T**	**I**	L	L	S	P	O	T	T	S
A	I	S	T	M	O	N	T	C	I	U
V	A	O	C	O	T	R	U	H	E	C
F	R	E	U	D	E	U	V	E	F	H
G	L	I	M	M	Z	H	S	H	B	E
E	G	L	A	U	B	E	N	A	A	N
I	L	E	B	S	A	N	A	R	T	Z
M	U	A	G	E	W	A	L	T	I	G
O	H	E	L	F	E	N	T	U	B	Y

Namenwörter	Eigenschaftswörter	Zeitwörter
der Rat	*st*	*fa*

Merke:

Namenwörter (Substantive) sind oft schwer zu erkennen, wenn sie etwas Gedachtes bezeichnen, etwas, das man nicht anfassen kann.
Du erkennst sie leichter, wenn du in Gedanken ein **Geschlechtswort** (Begleiter, lat. Artikel) oder ein **Eigenschaftswort** (Adjektiv) davor setzt.

Beispiel: *Stille* **Namenwort** oder **nicht**?

S e t z e vor das Wort
- ein *Geschlechtswort* → ***die*** Stille
- ein *Eigenschaftswort* → die ***unheimliche*** Stille

Beides ist möglich, folglich ist **Stille** ein **Namenwort**.

Test 3 Prüfe dich, ob du gut gearbeitet hast!

51 Im folgenden Text sind alle **Namenwörter klein**geschrieben.
S c h r e i b e sie richtig a u f ! (Es sind 24 Namenwörter.)

Von den freuden und leiden, krank zu sein

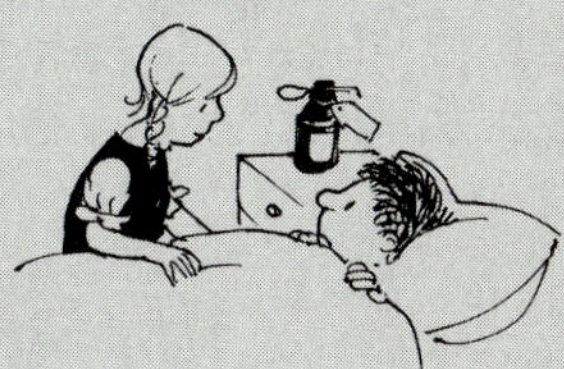

Als ich vorgestern aufwachte, litt ich unter starken schmerzen im hals. „Du siehst aus, als ob du fieber hättest“, sagte meine mutter. Sie hatte recht.
Meine freude, dass ich nicht zur schule musste, war zwar groß, doch meine angst vor bettruhe ebenfalls. Mir fehlt einfach die geduld dafür. Anfangs plagte mich großer durst. Zu meinem ärger musste ich ein so abscheuliches getränk wie hustentee zu mir nehmen. Ein glück, dass mich am nachmittag julia besuchte. Als sie sich zu mir ans bett setzte, glaubte ich, es sei weihnachten, denn sie roch so gut wie weihnachtsplätzchen. Jetzt geht es mir schon besser und ich leide unter langeweile. Wenn ich ehrlich bin – ich freue mich schon auf die schule.

10. Tag

Ein unvorhergesehener Zwischenfall

7 Auf einmal verzweigte sich die Höhle. „Wenn wir jetzt nicht umkehren“, sagte der kleine Maxi, der **schon** immer ziemlich ängstlich gewesen war, „finden wir bestimmt nicht mehr raus.“ „Du mit deiner **Angst**“, ärgerte sich Ben. „Wir haben doch die Schnur, **daran** hast du wohl nicht gedacht.“ Die Schnur, die **Verbindung** zur Außenwelt, gab ihnen ein **Gefühl** der **Sicherheit**. Doch plötzlich war sie zu Ende. Trotzdem wollten einige weitergehen. „Das wäre **Dummheit**“, meinte Andrea und es entstand ein hitziger Wortwechsel, als ein dumpfer Knall den **Streit** jäh verstummen ließ.
„Die Höhle stürzt ein!“, schrie Maxi. Ein gewaltiger **Schreck** fuhr allen in die Glieder; die Taschenlampe fiel zu Boden und erlosch. Totale **Finsternis** ließ die Kinder vollends erstarren.
Was war passiert? Es hatte sich angehört, als wäre irgendwo eine tonnenschwere **Last** zu Boden gestürzt. Sie wagten kaum zu atmen und sehnten sich nach der **Helligkeit** des Tages. Die Freude an dem abenteuerlichen **Erlebnis** war mit einem Mal dahin.

✎ **52** O r d n e die **hervorgehobenen** Namenwörter (Substantive) des Textes in die Tabelle e i n !

	Namenwörter mit den Endsilben			
-heit	**-nis**	**-keit**	**-ung**	**ohne Endsilbe**

Merke:

Viele **Namenwörter** (Substantive) lassen sich an ihren **Nachsilben** (Suffixen) erkennen:

-heit ⟶ die Schön**heit**
-keit ⟶ die Heiter**keit**
-ung ⟶ die Erinner**ung**
-nis ⟶ das Ergeb**nis**

Namenwörter (Substantive) stammen oft von **Zeitwörtern** (Verben) ab. Wenn man das Zeitwort und das Namenwort einander **gegenüberstellt**, kann man den **Unterschied** leicht erkennen:

jemanden freudig **überraschen** (Zeitwort) ⟶ eine freudige **Überraschung** (Namenwort)

sich schlimm **erkälten** (Zeitwort) ⟶ eine schlimme **Erkältung** (Namenwort)

✎ **53** Sicher kannst du die nächste Aufgabe auf dieselbe Art lösen!

den Ball weit **werfen**	ein weiter *W*__________
den Arm schnell **bewegen**	eine schnelle __________
jemanden gründlich **untersuchen**	eine gründliche __________
zwei Personen häufig **verwechseln**	eine ________ __________
jemandem freundlich **antworten**	eine ________ __________

Auch bei der nächsten Aufgabe werden aus **Zeitwörtern** (Verben) **Namenwörter** (Substantive) gebildet.

✎ **54** B i l d e aus jeweils **zwei Zeitwörtern** kleine **Sätze**.

Zeitwörter	kleine Sätze mit **abgeleitetem Namenwort**
holen, **helfen**	Ich hole **Hilfe**.
haben, **schmerzen**	Er hat **Schmerzen**.
brauchen, **ermuntern**	Katja braucht __________.
haben, **verspäten**	Der Zug ____ __________.
suchen, **streiten**	Sie _______ ___________.
verspüren, **hassen**	Daniel __________ _____.

Diesmal werden **Namenwörter** aus **Zeit**- oder **Eigenschaftswörtern** gebildet.

55 E r g ä n z e die Sätze! A c h t e dabei jeweils auf die **Endungen** der Eigenschaftswörter.

Eigenschaftswörter und **Zeitwörter**	Sätze mit **abgeleitetem Namenwort**
erfrischend, trinken	Der Ober servierte ein erfrischend**es Getränk**.
ungeheuer, erfolgen	Er arbeitet mit ungeheur**em Erfolg**.
wundervoll, singen	Die Nachtigall erfreute uns mit ______________.
rasch, entschließen	Der Spieler gewann durch ______________.
groß, glücklich	Alle überlebten durch ______________.
ungewöhnlich, mutig	Diese Tat zeugt von ______________.
lang, reisen	Wir sehnen uns wieder nach einer ______________.
groß, fühlen	Melanie musiziert mit ______________.
unermüdlich, eifrig	Er arbeitet mit ______________.

---

56 Hier dreht der Professor **Zeit**- und **Eigenschaftswörter** so durch die Mühle, dass sie unten als **Namenwörter** herauskommen.

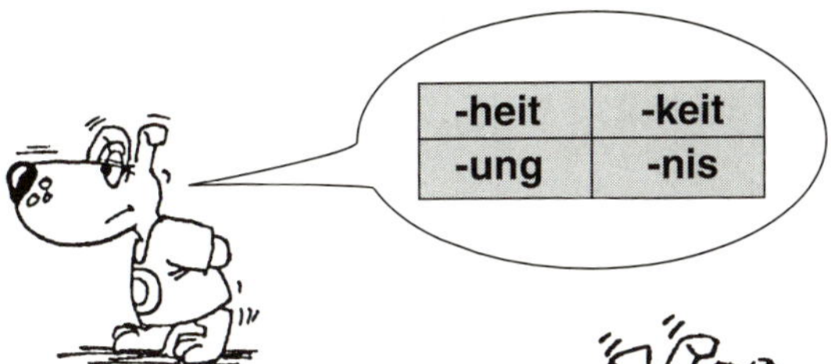

hoffen

erlauben

sicher

ehrlich

frei

aufmerksam

entfernen

erleben

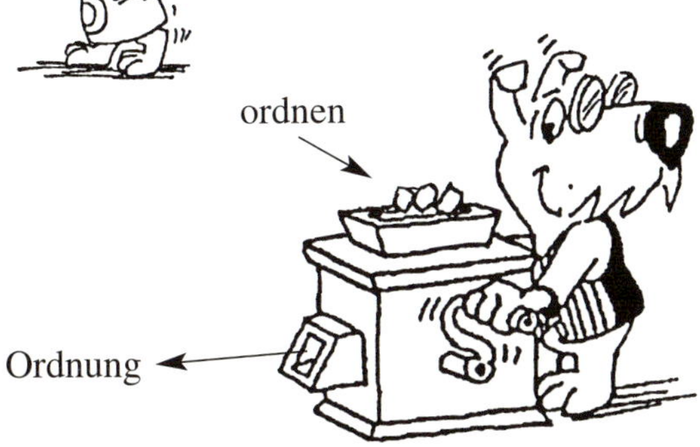

Anagramm

Das Anagramm ist eine lustige Sache: Du vertauschst die Buchstaben eines Wortes so, dass ein neues Wort entsteht. Es darf jedoch kein Buchstabe dazukommen oder weggelassen werden.

57 V e r t a u s c h e bei den folgenden Wörtern die Buchstaben so, dass neue Wörter entstehen.

NAGEL	*Angel*	*la*
BEIL	___	___
LEHM	___	___
HALM	___	___

LEBEN	___	FAST	___
NOTEN	___	SAMT	___
ERNST	___	SCHAR	___
SAUM	___	TORF	___
ABER	___	BEINE	___
ELSE	___	LECH	___

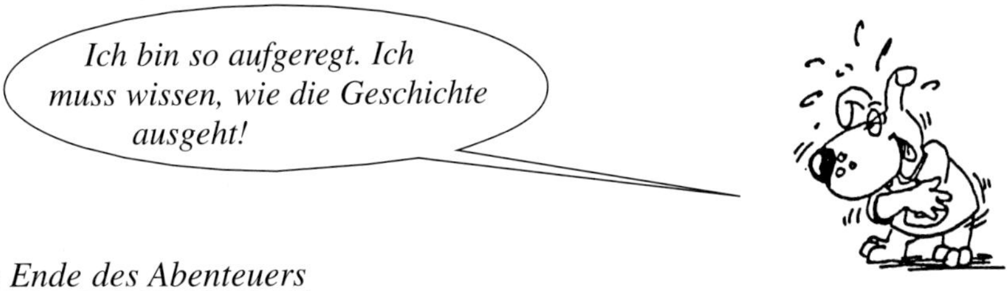

Das Ende des Abenteuers

8 „Macht doch endlich Licht", wimmerte Maxi und auch den anderen Kindern war zum Weinen zu Mute. Nachdem sie verzweifelt gesucht hatten, fanden sie endlich die Taschenlampe – aber sie leuchtete nicht mehr, die Glühbirne war wohl zerbrochen.

„Wir sind verloren", sagte Andrea. „Sind wir nicht", sagte Ben, „ich habe noch immer die Schnur." Er hatte sie trotz aller Panik fest in der Hand gehalten.

Große Erleichterung.

„Wir fassen uns an den Händen und bilden eine Kette", schlug Andrea vor, „und dann folgen wir alle Ben. Ben, wo bist du?" Es dauerte eine Weile, bis sie sich im Dunkeln gefunden hatten. Andrea hielt sich an Bens Gürtel fest.

Ben tastete sich vorsichtig an der Schnur voran und die anderen folgten, so gut es ging. Die völlige Dunkelheit machte ihnen zu schaffen.

Plötzlich war der Weg versperrt. Der dumpfe Knall! Geröll und Sand hatten an dieser Stelle den Gang verschüttet – die Kinder waren eingeschlossen.

„Was ist, wenn wir nie wieder herauskommen?", fragte Maxi ängstlich.

„Ich habe Angst, dass noch mal etwas herunterstürzt", sagte ein anderer.

Zum Glück war die Schnur nicht eingeklemmt und Ben erinnerte sich an das vereinbarte Zeichen: Dreimal zog er kräftig.

Stunden langen, quälenden Wartens folgten.

„Wir müssen Klopfzeichen machen!"

Sie wechselten sich ab.

Endlich hörten sie Stimmen, Licht drang durch das Geröll, immer mehr.

Und zum Schluss waren alle gerettet.

Sie hatten ein gefährliches, leichtsinniges Abenteuer überstanden.

3. Die häufigsten Fehlerwörter

Dieser Teil enthält jene Wörter des Übungsprogramms, die in unserer Sprache **oft** vorkommen und **häufig falsch** geschrieben werden. Du findest also typische Fehlerwörter wie zum Beispiel: **endlich**, **fertig** und **vielleicht**.
Wenn du solche Wörter gut lernst, wirst du in Diktaten und Aufsätzen **weniger Fehler** machen.

Hier wird erklärt, wie du solche Fehlerwörter erarbeiten kannst:

Aufgabe	Lösung	Erklärung
Hier sollst du herausfinden, welche **Buchstaben** bei dem jeweiligen Fehlerwort **ausgelassen** sind. Es kann **ein** Buchstabe fehlen oder auch **mehrere**, es kann aber auch **keiner** fehlen.	Im **umrandeten Feld** steht die **Lösung**.	An dieser Stelle findest du **wichtige Erklärungen**, die du **beachten** sollst.
Ich las eine spannende —rzählung.	**Erzählung**	Wörter, die auf –ung enden, sind **Namenwörter** (Substantive). Wir schreiben sie groß.

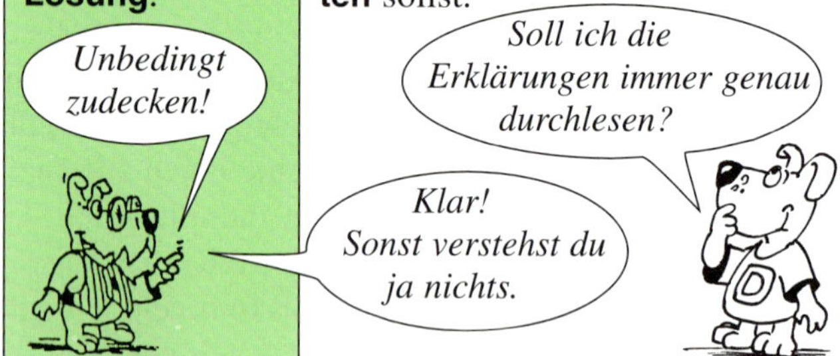

Merke:

- Bearbeite immer nur **eine** Aufgabe. **Decke** dabei die **2.** und **3. Spalte zu**.
- Sieh **Lösung** und **Erklärungen** erst dann an, wenn du das Wort mit dem eingesetzten Buchstaben auf deinen Block oder in dein Heft **geschrieben** hast.
- **Verbessere sofort**, wenn du einen Fehler gemacht hast.

Aufgabe	Lösung	Erklärung
Ich habe —ngst.	**A**ngst	Beachte: Ich habe eine große Angst; aber: mir **ist** angst (**Wie** ist mir?).
Wir haben en—lich Ferien.	en**d**lich	abgeleitet von **Ende** * **end**gültig, **end**los, **End**spurt, zu **End**e
Nadine sperrt ihr Fa—ad ab.	Fa**hrr**ad	* Fa**hrr**ad fahren, aus: fahren + Rad; der Fa**hrr**adschlüssel
Frau Koch i—t ihre Lieblingsspeise. 	i**ss**t	Verdoppelung nach kurzem *i*; Grundform: **essen** → ss bleibt erhalten: iss! * zu Mittag essen, Esslöffel; aber: ich aß (Präteritum = 1. Vergangenheit), *ß* nach langem Vokal
Pass auf, dass du nicht fä—st!	fä**ll**st	Verdoppelung nach kurzem *ä*; Grundform: fallen → ll bleibt erhalten: er fällt * der Fall, die Fälle, jedenfalls; aber: ich fiel (Präteritum = 1. Vergangenheit)
Ich bin gleich —ertig. 	**f**ertig	Hier keine Vorsilbe **ver**-, denn -**tig** kann nicht alleine stehen! Dagegen: verlaufen = **ver** + **laufen**. Beachte: **fertig** in Verbindung mit Verben immer getrennt: fertig bringen, fertig werden; aber: Fertiggericht.

Aufgabe	Lösung	Erklärung
Ich freue mich, wenn du zu mir ko—st. 	ko**mm**st	Verdoppelung nach kurzem *o*; Grundform: kommen → mm bleibt erhalten bei: ihr kommt, komm! * das Kommen und Gehen, im Kommen sein; aber: ich kam (Präteritum), *m* nach langem Vokal
Sie lä—t mich nicht in Ruhe.	lä**ss**t	Verdoppelung nach kurzem *ä*; Grundform: lassen → ss bleibt erhalten: lass!, ich habe es gelassen.
Sarah kommt mei—tens zu spät.	mei**s**tens	Vorsicht: Hier kein *ß*!
Leider mu—te ich nachsitzen.	mu**ss**te	Verdoppelung nach kurzem *u*; Grundform: müssen → ss bleibt erhalten: ich muss, wir mussten.
Ich habe nä—lich keine Zeit.	n**ä**mlich	Vorsicht: Langes ä, aber kein Dehnungs-h; **nämlich** ist von **Name** abgeleitet.
Ni— dir Zeit! 	ni**mm**	Verdoppelung nach kurzem *i*; mm auch bei du nimmst, er nimmt, genommen; Grundform: nehmen → h bleibt erhalten: ich nehme, ihr nehmt, wir nahmen.

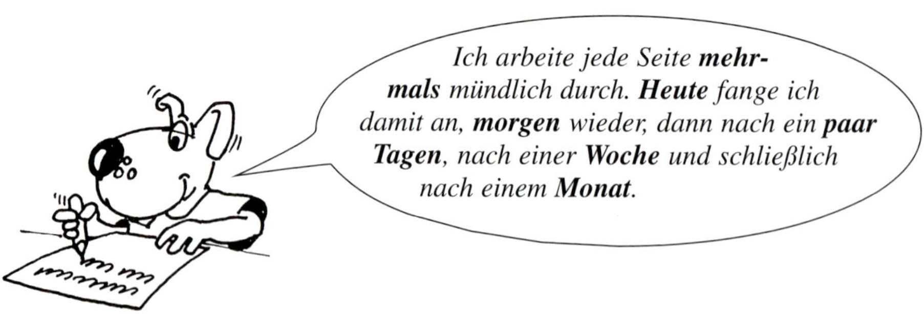

Aufgabe	Lösung	Erklärung
Ich sah ein —aar Kinder.	**p**aar	Hier wird **paar** im Sinne von **einige** Kinder verwendet; beachte: das **Paar** Schuhe = **zwei** Schuhe.
Plö—lich donnerte es.	plö**tz**lich	Beachte: Nach kurzem Selbstlaut immer *tz*!
S–st du das Restau-rant? 	s**ieh**st	Nach langem *i* Dehnungszeichen *e*. Grundform: sehen → (h) bleibt erhalten: ich sah, du sahst, gesehen, sehenswert. * die Sicht, sichtbar
Martins Schuss tri—t ins Tor. 	tri**ff**t	Verdoppelung nach kurzem *i*; Grundform: treffen → (ff) bleibt erhalten: du triffst, er trifft, getroffen. * Treffer, Treffpunkt; aber: ich traf (Präteritum = 1. Vergangenheit)
Immer vergi—t er die Hausaufgabe. 	vergi**ss**t	Verdoppelung nach kurzem *i*; Grundform: vergessen → (ss) bleibt erhalten: er vergisst, ihr vergesst, vergiss es! * vergesslich; aber: ich vergaß es (*ß* nach langem „a“)

Aufgabe	Lösung	Erklärung
Lisa hat v—le Freunde.	vi**e**le	Nach langem *i* Dehnungszeichen *e*. Beachte: Er **fiel** hin (von **fallen**).
Vie—eicht gewinnen wir!	vie**ll**eicht	viel + leicht
Wi—t ihr, wie diese Instrumente heißen? 	wi**ss**t	Verdoppelung nach kurzem *i*; Grundform: wissen → ss bleibt erhalten: ich wusste es, gewusst. * das Wissen, wissbegierig, die Wissenschaft; aber: ich weiß, du weißt, wer weiß!

Test 4 Hast du bisher gut gearbeitet? Prüfe dich nun selbst!

Im folgenden Text stehen Wörter, bei denen **Buchstaben ausgelassen** sind.

58 S c h r e i b e diese Wörter richtig a u f !

Jugendträume

V___le Jugendliche schwärmen für Schauspieler, die sie in ihrem Lieblingsfilm gesehen haben. V___leicht kann man ja auch selbst Schauspieler werden? Man lä___t sich ein ___aar Jahre auf der Schauspielschule ausbilden, und ist man dann ___ertig, ko___t die große Karriere. Die Wirklichkeit si___t leider ganz anders aus.
Die staatlichen Schauspielschulen nehmen n___mlich nur einen kleinen Teil der Bewerber. Private Schulen sind mei___tens enorm teuer. Außerdem vergi___t man zu leicht, dass Schauspieler, die ihre Ausbildung en___lich abgeschlossen haben, auch nur schwer eine Anstellung bekommen.
Du willst trotzdem Schauspieler(in) werden? Dann ni___ eine Rolle bei einer Schul- oder Laienspielgruppe an und teste dich erst mal selbst.

Aufgabe	Lösung	Erklärung
Steven pfeift am —esten. 	am **b**esten	Beachte: Gesteigerte Eigenschaftswörter (Adjektive) schreibt man immer klein; Beispiel: am höchsten.
Ich bin krank, de—halb spiele ich nicht mit.	de**s**halb	Beachte: Kurzes *e*, trotzdem einfaches *s*.
Jan wäre fa—t gestürzt.	fa**s**t	Beachte: Kurzes *a*, trotzdem einfaches *s*; aber: Er **fasste** mich hart an (von **fassen**).
Alexander ist fr—, dass er die Prüfung bestanden hat.	fro**h**	Hörbares *h* nach langem Selbstlaut. (Beispiel: Fro*h*es Fest!) * fröhlich
Vanessa fü—t sich krank.	füh**l**t	Dehnungszeichen *h* nach langem *ü;* Grundform: fühlen. * das Gefühl, der Fühler, fühlbar
Raubtiere sind gef—rlich. 	gef**äh**rlich	Beachte: **gefährlich** leitet man von **Gefahr** ab; außerdem steht das Dehnungszeichen *h* nach langem *ä.*
Sie waren gerettet und glü—lich.	glü**ck**lich	Verdoppelung (ck=kk) nach kurzem *ü*. * Glück, zum Glück
Der Gesang war he—lich. 	he**rr**lich	Verdoppelung nach kurzem *e;* Beachte die zahlreichen Ableitungen von **Herr**: **herr**schen, **Herr**scher, **Herr**enschuhe.
Er soll die Ho—nung nie aufgeben. 	Ho**ff**nung	Verdoppelung nach kurzem *o;* abgeleitet von **hoffen.** Merke: Wörter mit der Nachsilbe *–ung* sind Namenwörter. * ich hoffe, du hoffst, gehofft
Hoffen—lich kommt Sophia bald.	hoffen**t**lich	Beachte: Eingefügtes *t* zwischen **hoffen** und **lich**.
Es reicht mir je—t.	je**tz**t	Verdoppelung (tz=zz) nach kurzem *e*.

Aufgabe	Lösung	Erklärung
Auf dieser Matratze l—gst du gut.	l**ie**gst	Nach langem *i* Dehnungszeichen *e*. Grundform: liegen → er liegt, ihr liegt; aber: ich lag. * die Lage
Das tut ma— nicht. 	ma**n**	Langes *a* , aber kein Dehnungszeichen. Nicht verwechseln mit dem Namenwort **Mann** (*nn* nach kurzem *a*).
Man hörte m—rere Schüsse.	me**h**rere	Nach langem *e* Dehnungszeichen *h*. * mehrfach, mehrmals, vermehren, mehrfarbig, Mehrheit, Mehrzahl
Thomas hörte neug—rig zu.	neug**ie**rig	Nach langem *i* Dehnungszeichen *e*. Beachte: Das Wort gehört zu den Adjektiven auf *–ig*. * Neugier, Neugierde
Hast du o—t Schnupfen?	o**f**t	Achtung: Kurzes *o*, aber keine Verdoppelung. Aber: Er **hofft** auf Besserung (*ff* nach kurzem *o*)
Wann pa—t ihr die Koffer?	pa**ck**t	Verdoppelung nach kurzem *a*. Grundform: packen → ck bleibt erhalten: du packst, ich packte, gepackt. * die Packung; aber: das Paket
Pass auf, dass nichts pass—rt!	pass**ie**rt	Nach langem *i* Dehnungszeichen *e*
Anna schläft, sei bitte ru—ig.	ru**h**ig	Hörbares *h* nach langem Selbstlaut. * die Ruhe
Jäger schie—en leider. 	schie**ß**en	Achte auf den scharfen Klang des ß ! Außerdem Dehnungszeichen *e* nach langem *i*. * Schießgewehr, Schießerei; aber: er schoss, geschossen, der Schuss

Aufgabe	Lösung	Erklärung
Der Steg über den Fluss war schm—l.	schm**a**l	Langes *a*, aber kein Dehnungszeichen. * Schmalspur
Wir bettelten so lange, bis sie schl—lich nachgab.	schl**ieß**lich	Nach langem *i* Dehnungszeichen *e*. Achte auf den scharfen Klang des (ß) !
Die Reisenden warteten sch—n eine Stunde.	sch**o**n	Langes *o*, aber kein Dehnungszeichen
Diesmal wird es für den Jäger schw—rig. 	schw**ie**rig	Nach langem *i* Dehnungszeichen *e*. * die Schwierigkeit
Man so—te ihr etwas schenken.	so**ll**te	Verdoppelung nach kurzem *o*; Grundform: sollen → (ll) bleibt erhalten: du sollst, ihr sollt.
Sie kamen zu sp—t zum Bahnhof. 	sp**ä**t	Langes *ä*, aber kein Dehnungszeichen. * von früh bis spät, spätabends, der Spätdienst, Verspätung

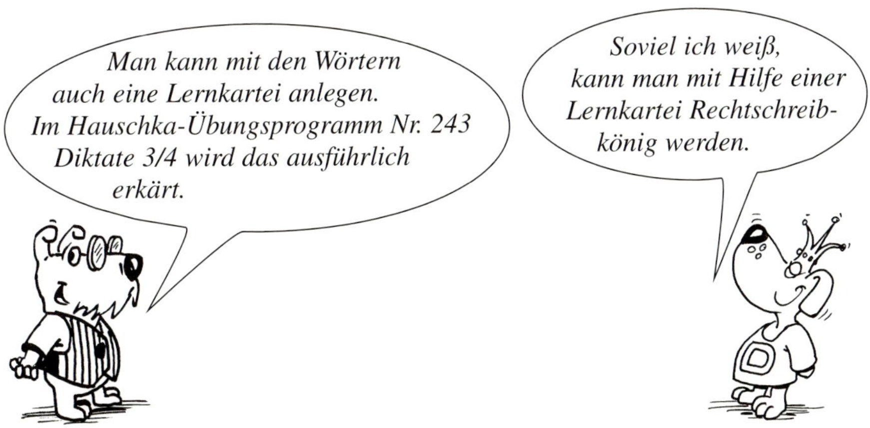

Aufgabe	Lösung	Erklärung
Toll, du ste—st auf meinem Ball! 	ste**h**st	Hörbares *h* nach langem Selbstlaut; Grundform: stehen → (h) bleibt erhalten: sie steht; stehen bleiben, die Stehlampe; aber: ich stand. * der Stand
Nur nachts war es sti—.	sti**ll**	Verdoppelung nach kurzem *i*. * still sitzen, die Stille
Tante Martha aß drei Stü— Kuchen.	Stü**ck**	Verdoppelung (ck=kk) nach kurzem *ü*. * stückweise
Der Fluss war an dieser Stelle t—f.	t**ie**f	Nach langem *i* Dehnungszeichen *e*. * tief verschneite Landschaft, die Tiefe, der Tiefpunkt
Du tri—st auf der Stelle.	tri**tt**st	Verdoppelung nach kurzem *i*. * trittfest, der Tritt, die Trittleiter; Grundform: treten; ich trat (Präteritum)
Lärm ist übera—.	übera**ll**	Verdoppelung nach kurzem *a*.
Beim Radfahren kann man sich leicht verle—en. 	verle**tz**en	Verdoppelung (tz=zz) nach kurzem e; beachte: Vorsilbe **ver**- * verletzend, verletzbar, die Verletzung (= Namenwort mit der Nachsilbe –**ung**), der Verletzte
Die Ferien sind leider —orbei.	**v**orbei	Vorsilbe **vor**-: vor + bei
Beim Bergsteigen ist —orsicht erstes Gebot.	**V**orsicht	Namenwort: die Vorsicht (= vor + Sicht)
Im Gebirge w—chst das Edelweiß.	w**ä**chst	Grundform: wachsen; beachte: es wuchs (Präteritum). * der Wuchs
In dem Brief stand nichts —ichtiges.	**W**ichtiges	Namenwort: das Wichtige

Aufgabe	Lösung	Erklärung
Der Bär konnte das Seil nicht zerrei—en. 	zerrei**ß**en	Achte auf den scharfen Klang des (ß) ! * reißfest, der Reißnagel; aber: er riss, gerissen, der Riss = Verdoppelung nach kurzem *i*
Die Kinder waren z—mlich erschöpft.	z**ie**mlich	Nach langem *i* Dehnungszeichen *e*.
Der Dieb wurde zuf—llig entdeckt. 	zuf**ä**llig	Abgeleitet von → fallen; außerdem Verdoppelung (ll) nach kurzem *ä*

Test 5 Hast du wieder gut gearbeitet? Prüfe dich nun selbst!

Im folgenden Text stehen Wörter, bei denen **Buchstaben ausgelassen** sind.

S c h r e i b e die Lückenwörter **richtig** a u f !

59

Cindy ist unglü___lich

Cindy hat fürchterliche Angst vor Spinnen. Sie denkt fa___t immer daran. Obwohl sie weiß, dass Spinnen nicht gefä___rlich sind, wä___t ihre Furcht von Mal zu Mal. Sie glaubt schli___lich noch verrückt zu werden. Cindy ist wirklich in einer schw___rigen Lage.
Aber es gibt viele Menschen, denen beim Anblick gewisser Tiere (Mäuse!) Ähnliches pass___rt. Diese Ängste haben seelische Ursachen. Vielleicht fü___lt sich Cindy wie die Beute einer Spinne von Verboten und Menschen, die ihr o___t unberechenbar erscheinen, „eingesponnen". Sie so___te de___halb am ___esten einen Verhaltenstherapeuten aufsuchen, der ihr hoffen___lich zi___mlich bald wieder zu einem normalen Leben verhelfen kann.

Aufgabe	Lösung	Erklärung
Ihre —ufmerksamkeit verhinderte einen Unfall.	**A**ufmerksamkeit	Namenwort: die Aufmerksamkeit
Die Weißen kamen mit Indianern in —erührung.	**B**erührung	Namenwort: die Berührung (Endsilbe –**ung**)
Das Flugzeug bre—t, es stürzt ab. 	bre**nn**t	Verdoppelung nach kurzem *e*; Grundform: brennen → (nn) bleibt erhalten: du verbrennst dich, brennbar, es brannte (Präteritum), gebrannt, verbrannt; aber: der Brand, die Brandursache.
Caro beging eine große Du—heit.	Du**mm**heit	Verdoppelung nach kurzem *u*; Namenwort: die Dummheit (Endsilbe –**heit**).
Ich habe Madeleine erst einm—l gesehen.	einm**a**l	Langes *a*, aber kein Dehnungszeichen.
Das Tal ist an dieser Stelle sehr —ng.	**e**ng	Nicht mit *ä* verwechseln!
Der Dieb wurde bald entde—t. 	entde**ck**t	Verdoppelung (ck=kk) nach kurzem *e*; * die Entdeckung beachte: Vorsilbe –**ent**. * **ent**fernen, **ent**scheiden, **ent**wickeln. -**ung**: die **Ent**deck**ung** usw.
Sie fassten den Entschlu— umzukehren. 	Entschlu**ss**	Verdoppelung nach kurzem *u*; beachte: Vorsilbe –**ent**. * entschließen (Achte auf den scharfen Klang des (ß) ! Beachte: Dehnungszeichen *e* nach langem *i*)

Aufgabe	Lösung	Erklärung
Marcel nahm an der Prüfung mit —rfolg teil.	**E**rfolg	Namenwort: der Erfolg
Ich kann mich nicht an dich eri—ern.	eri**nn**ern	Verdoppelung nach kurzem *i*. * die Erinnerung
Markus holte sich eine —rkältung. 	**E**rkältung	Namenwort: die Erkältung. Beachte: Wörter mit der Nachsilbe –**ung** sind Namenwörter. * Entschuldigung, Erklärung
Das Grundstück durfte man nur mit —rlaubnis betreten.	**E**rlaubnis	Namenwort: die Erlaubnis. Beachte: Wörter mit der Nachsilbe –**nis** sind Namenwörter. * Zeugnis, Finsternis, Erlebnis
Das Geschenk bereitete mir große —reude. 	**F**reude	Namenwort: die Freude
Sebastian hatte nicht die geringste —urcht vor der Schlange.	**F**urcht	Namenwort: die Furcht
Mein Onkel besucht uns gelegen—lich.	gelegen**t**lich	Achtung: eingeschobenes *t*: gelegen + t + lich.
Eine Gru—e von Kindern machte sich auf den Weg zur Höhle.	Gru**pp**e	Verdoppelung (pp) nach kurzem *e*; Zeitwort (Verb): gruppieren.
Wir wurden von der —elligkeit der Sonne geblendet. 	**H**elligkeit	Namenwort: die Helligkeit. Beachte: Wörter mit der Endsilbe -**keit** sind Namenwörter. Außerdem: Verdoppelung (ll) nach kurzem *e*.

Aufgabe	Lösung	Erklärung
Nele kle—ert auf den Baum.	kle**tt**ert	Verdoppelung (tt) nach kurzem *e*. * geklettert, der Kletterer, Klettergerüst
Moritz zog das große L—s.	L**o**s	Langes *o*, aber kein Dehnungszeichen
Hast du —ust, ein Eis zu essen? 	**L**ust	Namenwort: die Lust * lustig
Im Wald traten sie auf weiches M—s.	M**oo**s	Langes *o* mit Dehnungszeichen *o*.
Aus der Erde sprudelte Wasser von einer klaren —elle.	**Qu**elle	* quellen, das Quellwasser. Beachte: (ll) nach kurzem *e*
Im Straßenverkehr muss man auf —icherheit achten.	**S**icherheit	Namenwort: die Sicherheit. Beachte: Wörter mit der Endsilbe -**heit** sind Namenwörter.
Der Jäger folgt der —pur der Gämse. 	**S**pur	Namenwort: die Spur * spuren, spurlos

Aufgabe	Lösung	Erklärung
Für das Picknick suchten sie eine schöne —telle im Wald.	**S**telle	Namenwort: die Stelle
Zum Geburtstag gibt es eine Übe—aschung. 	Übe**rr**aschung	Aufpassen: Über+rasch+ung. Nicht vergessen: Wörter mit der Nachsilbe **-ung** sind Namenwörter. * überraschen
Beim Spielen hat sich Gerhard verste—t. 	verste**ck**t	Verdoppelung (ck=kk) nach kurzem *e*; Grundform: verstecken → ck bleibt erhalten: du versteckst dich, ich versteckte mich. * das Versteck Beachte: Vorsilbe **ver**-; * vergnügt, versammelt, verirrt
Seidenstrümpfe ze—eißen leicht.	ze**rr**eißen	Aufpassen: zer+reißen
Sie hat schlie—lich nachgegeben.	schlie**ß**lich	Achte auf den scharfen Klang des ß! Außerdem Dehnungszeichen *e* nach langem *i*.

Test 6 Hast du auch die letzte Wortgruppe gut gelernt?
Prüfe dich selbst!

Im folgenden Text stehen Wörter, bei denen **Buchstaben ausgelassen** sind.

✎ S c h r e i b e diese Wörter **richtig** a u f !

60

Eine etwas andere Schule

Der Entschlu___ fiel Michaela nicht leicht. Schließlich ist eine Klasse, in der körperlich und geistig Behinderte mit Nichtbehinderten gemeinsam unterrichtet werden, die absolute Ausnahme in Deutschland. Aber sie hatte ___ust, einm___l mit ganz anderen Menschen in ___erührung zu kommen, und war froh, dass ihre Eltern die ___rlaubnis dazu erteilten. Michaela eri___ert sich: „Ich kam erst in der siebten Klasse dazu, die meisten waren schon seit der ersten Klasse zusammen. Anfangs wusste ich überhaupt nicht, wie ich mit denen reden sollte, aber dann bekam ich immer mehr ___icherheit im Umgang mit den Behinderten." Ihre ___reude über kleinere Klassen und mehr Lehrer war groß und die ___urcht, weniger zu lernen, erwies sich als unbegründet. Eine ___berraschung war auch, dass für jede Gru___e zwei Räume zur Verfügung standen. So konnte man sich gelegen___lich zurückziehen, wenn man etwas mehr Ruhe brauchte. Durch den ___ngen täglichen Kontakt mit Behinderten wurde der Umgang mit ihnen nach einiger Zeit so normal, dass Michaela beim Gespräch mit einem Klassenkameraden eher zufällig entde___te: „Mensch, der sitzt ja im Rollstuhl!"

Prüfungsdiktate

Nach jedem Kapitel soll der Lernerfolg mit einem Prüfungsdiktat kontrolliert werden. Für die Bewertung des Diktats kommt es nur auf die in den Diktattexten **hervorgehobenen** Wörter an. Die beigefügten Notenschlüssel dienen lediglich der Orientierung. **Mehrere Fehler** in einem Wort zählen nur als **ein** Fehler. Bei einer **größeren Fehlerzahl** sollte das Kapitel **noch einmal** durchgearbeitet werden.

Prüfungsdiktat zum Kapitel **Kurze Selbstlaute, lange Selbstlaute**

An einem **herrlichen Sommertag** erwartete Ben einige seiner Freunde. Mit ihnen **wollte** er eine vor ein **paar** Wochen **zufällig entdeckte Höhle** aufsu-chen. Von ihrem **Plan verrieten** die Kinder **natürlich** nichts; sie **wussten**, **dass** es **gefährlich** ist, in eine Höhle zu **klettern**. In den **vielen Gängen konnte** man sich leicht **verirren**. Bald waren alle **versammelt**, die **Gruppe** machte sich auf den Weg. **Endlich erreichten** sie den **kühlen, schattigen** Wald. An **mehreren Stellen aßen** sie **köstliche Erdbeeren**. Nach einer **Quelle trafen** sie auf eine Holzhütte und bald darauf standen sie vor dem **schmalen** Höhleneingang, der zwischen **dornigem Gestrüpp lag**.

Die **35 hervorgehobenen Wörter** können nach folgendem Schlüssel benotet werden:

Fehler	0	1-2	3-4	5-6	7-10	ab 11
Note	1	2	3	4	5	6

Prüfungsdiktat zum Kapitel **Groß- und Kleinschreibung von Namenwörtern, Zeitwörtern und Eigenschaftswörtern**

In der Höhle herrscht tiefe **Stille**. Nur die **Tritte** der Kinder unterbrechen die völlige **Ruhe**. Ein modriger **Geruch** hat den **Duft** des Tannenwaldes verdrängt. **Freude** und **Angst** wechseln im Empfinden der Kinder. Die **Gefahr** eines **Einsturzes** bedrückt sie sehr. Aber die **Neugier** treibt sie bei aller **Vorsicht** doch weiter in die **Tiefe** der Höhle. Die mitgebrachte Schnur gibt ihnen ein **Gefühl** der **Sicherheit**. Als die Schnur zu Ende ist, entsteht ein **Streit** darüber, ob man weitergehen soll oder nicht. Ein unheimlicher, dumpfer **Knall** hindert sie **schließlich daran**, eine **Dummheit** zu begehen. Ihre **Furcht** treibt sie aus der **Finsternis** der Höhle in die **Helligkeit** des Tages. Die **Erinnerung** an dieses **Erlebnis** werden sie noch lange behalten.

Die **24 hervorgehobenen Wörter** können nach folgendem Schlüssel benotet werden:

Fehler	0	1	2–3	4–5	6–9	ab 10
Note	1	2	3	4	5	6

Prüfungsdiktat zum Kapitel **Die häufigsten Fehlerwörter**

Kennst du **zufällig** die Geschichte vom Hunnenführer Shan-Yu, der mit seinen **gefährlichen** Horden China über**fällt**? Dann weißt du ja, dass sich in dieser **schwierigen** Lage der arme Kaiser leider aus jeder Familie einen Mann als Soldaten holen **muss**. Und wie darüber der alte und kranke Fa Zhou gar nicht **glücklich** ist. Aber **schließlich** fasst seine schöne Tochter Mulan diesen großartigen **Entschluss**: Sie wird sich nämlich als Mann verkleiden und bei Nacht und Nebel an seiner **Stelle** in den Krieg ziehen.
Hoffentlich passiert auch nichts bei diesem **gefährlichen** Unternehmen.
Doch keine Panik! Mulan **vergisst** weder die Glücksgrille Kiki noch den frechen Drachen Mushu mitzunehmen und bei ihrer Ausbildung zum Soldaten **entdeckt** nicht einmal der gut aussehende Hauptmann Shang, in den sich Mulan verknallt hat, dass sie eine Frau ist.
Trotzdem wird es noch **ziemlich schwierig** für Mulan – wie **meistens** im Leben. Aber **vielleicht** findest du ja die Geschichte irgendwo und kannst alles selbst nachlesen.
Und wenn nicht, dann gibt es noch tausend andere **herrliche** Bücher, in denen man solche Geschichten finden kann.

Die **19 hervorgehobenen Wörter** können nach folgendem Schlüssel benotet werden:

Fehler	0	1	2	3–5	6–9	ab 10
Note	1	2	3	4	5	6

Diese Merktafel kannst du auch ausschneiden und zunächst als Lösungshilfe mitbenutzen.

Kurze und **lange Selbstlaute (Vokale)**

Ist die **Aussprache** der **Vokale**

a,e,i,o,u

kurz,

- wird der nachfolgende *Mitlaut* **meistens verdoppelt**:
  Pa*ss* So*nne*
- wird der nachfolgende *Mitlaut* **nicht immer verdoppelt**:
  Po*s*t **o***f*t

lang,

- folgt **meist** ein *Dehnungszeichen:*
  So*h*n (*h*), Li*e*be (*e*), Sa*a*l (*a*), Me*e*r (*e*), Mo*o*r (*o*)
- folgt **nicht immer** ein *Dehnungszeichen:*
  T**o**n Sch**a**l

Ich habe verstanden: Ein Vokal kann kurz gesprochen werden und trotzdem wird der Mitlaut dahinter nicht immer verdoppelt. Verflixte Rechtschreibung!

Groß- und Kleinschreibung von Namenwörtern (Substantiven), **Zeitwörtern** (Verben) und **Eigenschaftswörtern** (Adjektiven)

Namenwörter (Substantive) sind schwer zu erkennen, wenn sie *gedachte Dinge* (*Dinge*, die man *nicht anfassen* kann) bezeichnen, z.B. **Ruhe** oder **Freude**.
Diese Namenwörter sind meistens von zwei anderen Wortarten abgeleitet:

entweder vom **Zeitwort** (Verb)

Zeitwörter	→ **Namenwörter**
ruhen	**Ruhe**
freuen	**Freude**
streiten	**Streit**
lieben	**Liebe**

oder vom **Eigenschaftswort** (Adjektiv).

Eigenschaftswörter	→ **Namenwörter**
glücklich	**Glück**
eifrig	**Eifer**
friedlich	**Friede**
lang	**Länge**

Daran kannst du **Namenwörter** (Substantive) erkennen:

Achte auf **Endsilben** wie **-heit, -keit, -nis, -ung**:

Krank**heit** — Heiter**keit** — Erleb**nis** — Kreuz**ung**

Vor ein **Namenwort** kann man immer ein **Geschlechtswort** und ein **Eigenschaftswort** setzen:

die Ruhe	die **unheimliche** Ruhe
der Neid	der **schreckliche** Neid
das Glück	das **große** Glück

Stichwortverzeichnis/Fachausdrücke